R

RÜDIGER KOWALKE · FISH & VIPs

RÜDIGER KOWALKE

FISH & VIPs

DAS HAMBURGER FISCHEREIHAFEN-RESTAURANT: KREATIVE REZEPTE - PROMINENTE GÄSTE

ERNST KABEL VERLAG

Fotonachweis

Jan Bendermacher: 7, 11, 14/15, 20/21, 23, 25, 29, 33, 37, 39, 41, 43, 45, 47, 49, 51, 55, 60/61, 64/65, 67, 68/69, 72/73, 75, 81, 82/83, 89, 91, 94/95, 97, 99, 102/103, 105, 107, 108/109, 112/113, 117, 119, 121, 125, 127, 128
dpa: 13, 16, 17, 28, 36, 80
Keystone-Pressedienst: 26, 32, 46, 48, 70, 76, 85, 93, 98, 100, 101, 106, 116, 122
Jörg Lietzberg: 126, 129, 137, 138
Arnold Zabert: 56/57, 78/79, 86/87
Archiv des Autors: 10, 12, 18, 19, 22, 24, 30, 31, 38, 40, 42, 44, 50, 54, 58, 59, 62, 63, 66, 71, 74, 77, 84, 88, 90, 92, 96, 104, 110, 111, 124, 130, 133

© 1985, Ernst Kabel Verlag GmbH, Hamburg
Schutzumschlag: Theodor Bayer-Eynck unter Verwendung eines Fotos
von Arnold Zabert
Satz: Utesch Satztechnik GmbH, Hamburg
Lithographie: OKA-Repro, Osnabrück
Druck: Hermann F. R. Stumme, Hamburg
ISBN 3-8225-0004-6

Inhalt

Die Rezepte

Rund um den Fisch

Anhang

»Wollten Sie als kleiner Junge auch zur See fahren?« fragen mich manchmal Gäste, wenn sie durch die Fenster des Restaurants auf die Elbe blicken und die großen Pötte beobachten, die seewärts gehen.

»Nein«, antworte ich dann immer wahrheitsgemäß, und es ist tatsächlich so.

Schon als Kind wollte ich Gastronom werden. Das stand für mich fest. Allerdings gebe ich gern zu, daß dieser Wunsch durch meinen Vater und seinen Beruf geprägt war. Was lag also näher, als daß ich nach dem Schulabschluß den Beruf des Kochs erlernte und mich im Hotelfach ausbildete. Meinen Beruf betrachtete ich stets als Herausforderung. Die gehobene Gastronomie mit all ihrer Vielfalt wurde zur Leidenschaft, und es entwickelte sich im Laufe der Zeit eine Vorliebe für die leichte Zubereitung von Fisch, Schalen- und Krustentieren; denn die Erfahrung zeigte, daß kaum ein anderes Produkt so vielseitig verwendbar ist wie die Früchte des Meeres. Ob roh mariniert, gekocht oder gedünstet, gebraten, gebacken, gegrillt oder geräuchert . . . – ein weites Feld für die Phantasie.

Es bereitet uns immer wieder großes Vergnügen, unsere Gäste mit neuen Kompositionen zu überraschen. Nicht selten wird tagelang an einem neuen Rezept gefeilt, geändert und geprobt, bis endlich das fertige Gericht Premiere feiern kann. Ich denke, daß einen Komponisten ähnliche Gefühle beherrschen, wenn er die ersten Töne einer neuen Melodie zu Papier bringt.

Der größte Teil der nachfolgenden Rezepte ist in unserer Küche entwickelt worden. Natürlich habe ich auch einige konventionelle Gerichte übernommen, um die Bandbreite aufzuzeigen, die der Fisch zu bieten hat. Lassen Sie sich zum Nachkochen verführen! Wir haben alles so aufbereitet, daß Sie es einfach haben. Sozusagen als Vorkoster sind für Sie die VIP's tätig, die bei mir essen. Was Leonhard Bernstein oder Placido Domingo aus unserer Küche serviert wurde, das wird hier verraten, in der Hoffnung, Sie zu animieren.

Ein neues Rezept schüttelt man nicht aus dem Handgelenk. Es gehören Zeit, Erfahrung und Wissen dazu. Genau wie bei einem Buch.

Aus diesem Grunde habe ich vielen Menschen zu danken, die mich bei der Arbeit an diesem Buch unterstützt haben. Alle kann ich nicht erwähnen, doch einige müssen genannt werden. Zuallererst mein Chefkoch und Freund Wolf Dieter Klunker, mit dem ich seit vielen Jahren erfolgreich zusammenarbeite und ohne den es diese Rezepte so nicht gäbe. Dann mein Freund, der Journalist Horst Lietzberg, der mir Hilfestellung bei der Eroberung eines neuen Terrains leistete. Jan Bendermacher und Jörg Lietzberg als Fotografen.

Und last but not least möchte ich Erik Verg, Werner Veigel und Mario Scheuermann für ihre Beiträge herzlich danken.

Rüdiger Kowalke

Herstellung einer Fischbrühe (Fond)

Eine gute Fischbrühe ist der wichtigste Grundbestandteil für die in den folgenden Rezepturen vorkommenden Suppen und Saucen.

Zutaten für 1 l Brühe:

500 g Steinbuttgräten
500 g Seezungengräten
½ l trockener Weißwein
½ l Wasser
80 g Fenchel
1 Petersilienwurzel
1 kleine Stange Lauch
2 Zwiebeln
50 g Sellerie
1 Knoblauchzehe
50 g Butterschmalz
½ Lorbeerblatt, 1 Nelke, 5 Wacholderbeeren
Salz und Pfeffer

Zubereitung:

Die Gräten waschen und kleinschneiden, in Butterschmelz zusammen mit den feingeschnittenen Zwiebeln, Lauch, Sellerie, Fenchel, Petersilienwurzel anschwitzen.
Mit Wasser und Weißwein auffüllen, die Gewürze dazugeben.
20 Minuten auf kleiner Flamme sieden lassen. Anschließend durch ein Haarsieb passieren.

Hinweis zu den Weinempfehlungen

Die Weinempfehlungen sind bewußt allgemein gehalten und sollen nur eine Richtung angeben, jeweils abgestimmt auf die geschmackliche Eigenart des Gerichtes.

Entscheidend für die Weinauswahl als Essensbegleiter sollte jedoch das individuelle Urteil Ihrer Zunge sein.

I.
Kalte Vorspeisen

Die Supernase möchte anonym bleiben

Für Birgit Krüger und Töchterchen Nina-Kristin sind es Sternstunden, wenn sie einmal zu dritt ausgehen können. Denn seit Mike Krüger neben Musik, Fernsehen und Galas auch noch Filme macht, haben die beiden nur wenig von ihm. Längst ist Zeit für ihn wichtiger geworden als Geld. Aber auch die breite Popularität, die er genießt, macht ihm häufig genug zu schaffen. »Bei uns in Quickborn geht es ja noch. Da wohnen wir schon sehr lange, die Nachbarn kennen uns und sind ganz natürlich. Aber wehe, ich gehe mit meiner Familie in den Zoo, ins Kino oder wir fahren ins ›Hansaland‹, das ist ein Freizeitpark an der Ostsee. Dann gibt es garantiert einen Massenauflauf, dann wird's chaotisch. Was bleibt uns also übrig, als im Urlaub ein stilles Plätzchen zu suchen, wo der Massentourismus nicht hinkommt. Oder auch ein Restaurant, wo wir wirklich mal in Ruhe unter uns sein können.« Hier, im Fischereihafen-Restaurant, hat er Glück. Die Gäste bemerken ihn – wem könnte sein Frohsinnsgesicht und der Teddy-Tapp-Charme auch entgehen? –, einige winken oder nicken ihm freundlich zu. Genüßlich löffelt er seine Hummersuppe. Und Klein-Kristin freut sich, als sie zum Abschied ganz tief in die Bonbonniere langen darf.

Mike Krüger

Sülze von Edelfischen mit Kerbelschaum

Zutaten für 4–6 Personen:
500 g Fischgräten von Seezunge und Steinbutt
100 g Seeteufelfilet, 100 g Seezungenfilet, 100 g Lachsfilet
100 g Steinbuttfilet, 160 g Gambas = 4 Stück, 8 Blatt Gelatine
½ l Wasser, ½ l Weißwein, Saft von 1 Zitrone
1 Zwiebel, 1 Stange Lauch, 50 g Sellerie, 1 große Tomate
1 Wurzel, 30 g Morcheln, 1 g Safran, 2 EL Crème fraîche, 1 EL geschlagene Sahne, 1 kleines Bund Suppengrün

Zubereitung:
Aus den Fischgräten, Zwiebel, Suppengrün, Wasser und Weißwein eine klare Fischbrühe bereiten. Diesen Fond durch ein Passiertuch gießen.
½ l Fischbrühe abnehmen, mit Safran, Pernod, Zitronensaft, Pfeffer und Salz abschmecken. Die eingeweichte, aufgelöste Gelatine dazugeben und zur Seite stellen. Das Gemüse in kleine Würfel schneiden, die Fischfilets in etwa 1 cm dicke Würfel.
Die restliche Brühe aufkochen. Zuerst das Gemüse darin knapp »al dente« kochen, herausnehmen, dann die Fischwürfel nacheinander darin garziehen lassen, sie dürfen nicht zerfallen.
Mit einem Schaumlöffel vorsichtig herausnehmen, Gemüse und Fisch auf einem Tuch abtropfen lassen.
Die enthäuteten, entkernten Tomaten mit den gut gewaschenen Morcheln in kleine Würfel schneiden, zu den anderen Zutaten geben und mit gehacktem Dill bestreuen. Alles appetitlich miteinander vermengen, in Kaffeetassen geben und mit dem Fischsud übergießen. Zum Erstarren einige Stunden in den Kühlschrank stellen.
Vor dem Servieren auf Teller stürzen. Mit Kerbelschaum und Salat der Jahreszeit servieren.

Kerbelschaum:
1 EL geschlagene Sahne mit 2 EL Crème fraîche, Salz, Pfeffer und 1 TL Zitronensaft vermischen. 1 Bund Kerbelblätter waschen, abzupfen, leicht hacken und unter die Sahne geben.

Tip: Die Kaffeetassen vor dem Einfüllen mit kaltem Wasser ausspülen – die Sülze läßt sich leichter stürzen.

Weinempfehlung:
Pfälzer Sylvaner, halbtrocken

Ein Herz für Hummer

Eigentlich will er Hummer essen. »Wenn man schon mal in Hamburg ist, warum eigentlich nicht?« meint Film-Tarzan Christopher Lambert – und läßt sich die zappelnden Prachtexemplare von Rüdiger Kowalke zeigen. Doch als er sie in der Hand hält, wird er nachdenklich. »Ich will nicht schuld daran sein, daß sie ins kochende Wasser müssen.« Er setzt sie zurück ins Becken. Und der Hausherr muß ihm versprechen, daß sie wenigstens einen Tag länger leben dürfen und an diesem Abend nicht mehr in den Kochtopf geworfen werden. Ein Herz für Tiere? Der in New York geborene Franzose hat durch die Dreharbeiten einen besonders engen Kontakt zu Tieren gefunden. »Ich habe beispielsweise im Affencamp mit echten Schimpansen zusammengelebt. Das war vielleicht ein Spaß«, lacht er. »Die Schimpansendame Mandy hat mich besonders gemocht. Nach einiger Zeit hielt sie mich wohl auch für einen Schimpansen und wurde nicht nur zutraulich, sondern richtig zärtlich.« Tarzan-Darsteller leben gefährlich! Christopher Lambert ist der 17. Tarzan im 42. Spielfilm. Er war gespannt, als er nach Monaten Schimpansenfräulein Mandy in einem Zoo wiedersah. Würde sie ihn wiedererkennen? »Sie kam auf mich zugerast, grunzte fröhlich und fiel mir mit beiden Armen um den Hals...«

Christopher Lambert

Orangensteinbutt mit Kefir-Sahne

Das Hauptfanggebiet für den Steinbutt ist die Nordsee, da er in der Ostsee selten über 50 cm groß wird.
Die Fangzeit ist ganzjährig, beschränkt sich aber hauptsächlich auf die Zeit zwischen April und Juli.

Zutaten für 4 Personen:
400 g Steinbuttfilet
3 Blutorangen
30 g Salz
40 g Zucker
1 TL rote Pfefferkörner
1 EL Öl
2 EL Dillspitzen
1 cl Campari

Zubereitung:
Salz und Zucker vermengen. Das Steinbuttfilet auf eine Platte legen und mit der Salz-Zuckermischung bestreuen. Feingehackte Orangenschale (Zeste) und den Saft der Orangen über den Steinbutt gießen. Mit feingeschnittenen Dillspitzen, den roten Pfefferkörnern bedecken und mit einem Schuß Campari und etwas Öl marinieren.
24 Stunden abgedeckt im Kühlschrank ziehen lassen.
Den Orangensteinbutt mit einem scharfen Messer in sehr dünne Scheiben schneiden und auf Tellern anrichten.
Die Kefir-Sahne wird extra gereicht.

Kefir-Sahne:
¼ l Kefir mit 1 EL geschlagener Sahne vermischen und mit etwas Zucker und Salz abschmecken.

Weinempfehlung:
Badischer Ruländer

Dieter Thomas Heck

Potpourri von Matjesfilets

Wir bevorzugen Holländische Matjes, die ganzjährig lieferbar sind.
Am zartesten und geschmackvollsten sind die jungfräulichen Heringe
in der Zeit von Mai bis Ende Juli.

Zutaten für 4 Personen:	1 Banane, 1 Mango
10 Matjesfilets	1 Apfel
1 TL Butter	1 Zwiebel
1 EL Crème fraîche	1 EL Mayonnaise
¼ l geschlagene Sahne	1 St. Rote Beete
1 EL gewürfelte Ananas	2 EL Tomatenpüree
⅛ l flüssige Sahne	1 TL gewürfelte Schalotten
1 TL Currypulver	1 Schuß Genever, Gin
Pfeffer und Salz	Schnittlauch

Zum Fernwehschnuppern nach Hamburg

Zubereitung:

Matjestartar:
Zwei Matjesfilets feinhacken und mit 1 EL Schnittlauch, 1 TL gewürfelte Schalotten, 1 Schuß Genever vermengen und mit frisch gemahlenem Pfeffer abschmecken.

Tomatenschaum:
Das Tomatenpüree mit etwas flüssiger und geschlagener Sahne gut verrühren. Mit Pfeffer, Salz und Zucker abschmecken und mit einem Schuß Gin verfeinern.

Currysahne:
Die Banane und Ananas im Mixer pürieren, mit Currypulver in Butter anschwitzen, erkalten lassen und die geschlagene Sahne unterziehen.

Hausfrauensauce:
Die Mayonnaise mit flüssiger Sahne und etwas geschlagener Sahne gut verrühren. Mit Salz und Pfeffer abschmecken und den feingeschnittenen Apfel und Zwiebel dazugeben.

Rote Beete-Sahne:
Die gekochte Rote-Beete im Mixer pürieren, mit Crème fraîche und geschlagener Sahne verrühren. Mit Salz und Pfeffer abschmecken.

Mangoschaum:
Die Mango schälen und pürieren, mit geschlagener Sahne verrühren und mit Cayennepfeffer und Zitronensaft abschmecken.

Matjes Potpourri
Die Matjesfilets in gleichmäßig große Stücke zerteilen und zusammen mit dem Matjestartar auf Tellern anrichten.
Mit den einzelnen Saucen überziehen und garnieren.

Auch wenn er wunderschön im Saarland wohnt – seine große Liebe ist Hamburg. Und die trägt Dieter ›Thomas‹ Heck nicht nur im Herzen, sondern auch auf der (schnellen) Zunge. Schließlich ist er in Hamburg aufgewachsen. Diese Stadt ist Schicksal für ihn. Wer weiß schon, daß er als Fünfjähriger bei einem Bombenangriff verschüttet wurde und danach viele Jahre einen Sprachfehler hatte? Aber Carl Dieter Heckscher, wie er richtig heißt, mangelte es noch nie an Willenskraft. Inzwischen sind Heck, Hitparade, Pyramide, der ›Tag des deutschen Schlagers‹ und viele Rundfunksendungen von ihm Legende. Seine Liebe zu Hamburg aber ist geblieben. Für ein Glas Bier mit Dornkaat läßt er noch immer Champagner stehen. »Und wenn ich in meiner alten Heimat bin, muß ich einfach an die Elbe. Die Schiffe, die Möwen – das alles hat's mir angetan. Klar, daß ich meine Arbeitsessen, wie man heute so schön sagt, gern ans Wasser verlege. Dorthin, wo Auge und Gaumen etwas davon haben. Zum Beispiel ins Fischereihafen-Restaurant. Und dort lasse ich mir am liebsten von Rüdiger Kowalke ein Menü zusammenstellen. Ich sage ihm, wonach mir so ungefähr der Sinn steht, und er zaubert die Speisen zusammen. Inzwischen weiß er viel besser als ich, was mir schmeckt.«

Sie mag Restaurants mit viel Atmosphäre

Sie kommt nicht als Diva. Erika Pluhar ist still, bescheiden; sie freut sich, wenn sie nicht erkannt wird. Aber wer sich mit ihr unterhält, erfährt Interessantes. Sie hat in vielem ja ganz spezielle Ansichten. Zum Beispiel über die Mode: »Ich mag sie nicht, weil sie diktiert wird und der Konsum sich der Frauen bemächtigt. Mal sind die Kleider weit, mal sind sie eng. Zum Glück gibt es immer mehr Frauen, die das tragen, was sie wollen.« Vor dem Spiegel habe sie keine Angst. Sie sei – so Erika Pluhar – strikt dagegen, daß Frauen sich liften lassen. Linien, die die Zeit und das Leben geschrieben haben, dürfe man nicht ausradieren. »Gott sei Dank dürfen Frauen heute schon Menschen sein und auch offiziell älter werden«, lächelt sie. »Ich habe das Alter verarbeitet. Die Jahre, die man gelebt hat, sind es wert, genannt zu werden. Sie sind eher ein Reichtum. Wenn ich denke, wie reizlos meine Jugend war, kann ich fürs Alter nur das Beste erhoffen.« Wenn die Burgschauspielerin ausgeht, will sie es gemütlich haben, braucht sie Atmosphäre. »Deshalb gehe ich ungern auf Partys, weil die meisten vor oberflächlichen Leuten nur so strotzen. Ein verschwiegenes Café in Wien oder ein Restaurant mit viel Atmosphäre – das ist es, wo ich mich wohlfühle.«

Erika Pluhar

Kalte Gurkencremesuppe mit Büsumer Krabben und Lachskaviar

Zutaten für 4 Personen:
1 große Salatgurke
½ l flüssige Sahne
1 EL Crème fraîche
28 g Lachskaviar (Keta Kaviar)
40 g Büsumer Krabben
1 EL Kräuteressig
2 EL feingeschnittene Dillspitzen
Pfeffer, Salz

Zubereitung:
Die Salatgurke schälen und von den Kernen befreien.
Im Mixer mit etwas flüssiger Sahne pürieren. Durch ein Haarsieb streichen und mit Crème fraîche und der restlichen Sahne verrühren.
Mit Kräuteressig, Pfeffer und Salz abschmecken. Einige Stunden im Kühlschrank kühlen.
Die feingeschnittenen Dillspitzen dazugeben und in Tassen mit Büsumer Krabben servieren.
Als Garnitur 1 TL Lachskaviar und 1 Dillzweig.

Willy Kuhweide

Geräucherter Forellenkuchen

Die Forelle lebt in sauerstoffreichen, schnellfließenden Gewässern.
Sie wird ganzjährig gefangen.

Zutaten für 1 l trapezförmige Pastetenform (8–10 Personen):
6 geräucherte Forellen
½ l halbtrockener Riesling (Rheingau)
6 Bund Dillsträußchen
9 Blatt Gelatine

Zubereitung:
Die geräucherten Forellen der Länge nach halbieren, dabei die Haut
abziehen. Die Pastetenform mit den Forellenhäuten auslegen.
Die Außenseite der Haut liegt auf den Formwänden.
Aus der Gelatine und dem Riesling einen klaren Weingelee herstellen.
Die Häute mit diesem Gelee mittels eines Pinsels befestigen, so daß sie
nicht wieder abfallen.
Die Forellenfilets und die feingehackten Dillspitzen lagenweise bis
zum Rand der Form einschichten. Immer wieder mit Weingelee befe-
stigen.
Einige Stunden im Kühlschrank erkalten lassen.
Den Forellenkuchen in Scheiben schneiden und mit Preiselbeer-Meer-
rettich-Sahne servieren.

Weinempfehlung:
Saar Riesling, halbtrocken

Durch die Fischauktion gesegelt

*Der Name Willy Kuhweide assoziiert Ma-
ritimes. Wer mit dem Segelboot olympi-
sches Gold und Bronze gewonnen hat,
viermal Welt- und dreimal Europameister
war, kennt sich natürlich aus mit Wind
und Wellen. Obwohl viele Jahre in Hamburg zu Hause und mit Seeleuten auf du
und du, hat er eins nie erlebt: eine richtige
Fischauktion. »Das würde mich mal reizen«, sagt er zu Rüdiger Kowalke. Nichts
einfacher als das. Schließlich hat das Fischereihafen-Restaurant als einziges in
der Hansestadt das Privileg, den Fisch direkt von der Auktion gleich nebenan zu
kaufen. Frischer geht's wirklich nicht. Bei
einer Silvesterfeier kurz vor Mitternacht
wird diese Idee geboren. Ein paar Wochen
danach stehen Willy Kuhweide und Rüdiger Kowalke morgens um sechs Uhr im
Getümmel der Fischauktion. Zwischen
Hunderten von Kisten, auf denen der Auktionator herumturnt. Er macht seine An-
gebote. Natürlich, wie im Hamburger Hafen üblich, auf Platt. Das wäre ja noch
gegangen. Doch bei der Fischauktion wird
nicht klar und deutlich gesprochen, sondern mehr gesungen. Willy Kuhweide
schüttelt den Kopf: »Tut mir leid. Ich ver-
steh' kein einziges Wort.« Die Fischhändler grinsen und drücken ihm einen 40
Pfund schweren Heilbutt in die Hand.
Aber nur zum Fotografieren.*

Placido Domingo

Babylanguste
auf Apfel-Selleriebett

Langusten leben auf felsigem Grund in 50–100 m Tiefe und werden im Südatlantik, Mittelmeer und Pazifik ganzjährig gefangen.

Zutaten für 4 Personen:
4 Babylangusten à 400 g
2 Äpfel
1 Stck. Staudensellerie, Suppengemüse
1 Zitrone
1 große Trüffel
1 EL flüssige Sahne
2 EL geschlagene Sahne
1 EL Mayonnaise, Salz, Pfeffer, Kümmel

Zubereitung:
Die Langusten in kochendem Wasser mit Kümmel, Salz und Suppengemüse 8–10 Minuten garen. Der Länge nach halbieren, Magen und Darm entfernen. Das Langustenfleisch aus den Schalen nehmen und warmstellen.
Äpfel und Staudensellerie waschen, schälen und fein würfeln.
Die Mayonnaise mit flüssiger und geschlagener Sahne verrühren. Die gewürfelten Äpfel und Staudensellerie dazugeben und mit Salz, Pfeffer und Zitronensaft abschmecken. In die Langustenschalen füllen, das Langustenfleisch in Scheiben schneiden und mit den Trüffelscheiben auf Apfel-Selleriebett anrichten.

Placido und die Hanseatinnen

Hanseatinnen können kühl und stolz, gelegentlich auch ein bißchen reserviert sein. Spontane Gefühlsausbrüche, wie man sie im heiteren Süden kennt, gehören an der Waterkant zu den Raritäten. Doch keine Regel ohne Ausnahme. Wenn der begehrteste und teuerste Operntenor unserer Zeit, Placido Domingo, kommt, gibt es auch bei ihnen kein Halten mehr. Für ihn stehen sie stundenlang nach Karten an, von ihm lassen sie sich in einen sanften Wahn singen. Das Domingo-Fieber erfaßt sie alle – die Lady aus Blankenese ebenso wie die Sekretärin aus der City Nord. Dieser smarte Spanier, der für einen einzigen Abend eine Gage von 80 000 Mark kassiert, der täglich an die 500 Fan-Briefe erhält, kommt ins Fischereihafen-Restaurant. Wie ein Lauffeuer geht es von Tisch zu Tisch: Er, der König an allen Opernhäusern, ist da! Es knistert förmlich. Ein paar Damen tuscheln. Ihre Begleiter lächeln. Und dann passiert etwas, das man eigentlich nur von Teenies erwartet. Eine gepflegte Dame, vielleicht so Mitte 40, steht auf, rafft ihren ganzen Mut zusammen, steuert mit direktem Kurs zum Tisch des umschwärmten Operntenors – und bittet leicht errötend um ein Autogramm. Der Maestro zögert keine Sekunde. Und kaum hat er es ihr mit einem strahlenden Lächeln überreicht, kommen noch weitere Verehrerinnen...

Uwe Seeler

Salat von Norweger Hummern

Der Hummer lebt in algenbewachsenen Felsgebieten der norwegischen Küste, in Tiefen von 2 bis 40 Metern. Die beste Fangzeit liegt zwischen Anfang Mai und Ende Oktober.

Zutaten für 4 Personen:

2 Hummer, 500–600 g	1 EL flüssige Sahne
¼ Ogenmelone	2 EL geschlagene Sahne
¼ Kopf Friseesalat	1 EL Tomatenpüree
1 cl Cognac	1 Zitrone

2 EL Crème fraîche, 8 weiße Champignonköpfe
1 EL Traubenkernöl, 1 cl Weißwein
Pfeffer und Salz, 1 Bund Brunnenkresse

Der Uwe und der Bobby

Zubereitung:
Die Hummer werden gekocht (siehe Rezeptur Hummersuppe), aus den Panzern geschlagen und zur Seite gestellt, sie werden lauwarm serviert.
Wir bereiten 2 verschiedene Saucen.

1. Brunnenkresseschaum:
Die Brunnenkresse gut waschen, von den Stielen zupfen. Im Mixer mit 1 cl Weißwein pürieren und durch ein Sieb streichen. Mit 1 EL Crème fraîche und 1 EL geschlagener Sahne verrühren, mit Salz, Pfeffer und etwas Zitronensaft abschmecken.

2. Cocktailsauce:
1 EL geschlagene Sahne, 1 EL Crème fraîche und 1 EL Tomatenpüree verrühren, einen Schuß flüssige Sahne und Cognac dazugeben, mit Pfeffer, Salz, 1 TL Meerrettich und Zitronensaft abschmecken.

Hummersalat:
Für den Salat schneidet man den Hummer in 1 cm große Würfel und läßt für die Garnitur jeweils eine Hummerschere zurück. Die Champignons, den gezupften Friseesalat mit der in 1 cm große Würfel geschnittenen Melone vermengen. Die Hummerwürfel dazugeben, mit Pfeffer, Salz, Zitronensaft und Öl gut abschmecken.

Tip: Wir bevorzugen Norweger Hummer, da er vollfleischig und hervorragend im Geschmack ist.

Weinempfehlung:
Chablis

Uwe Seeler ist ein Mann, den der Erfolg nicht verbogen hat. »Immer auf dem Teppich bleiben«, ist sein Lebensprinzip auch heute noch. Natürlich ist er stolz darauf, was seine Frau und er geschaffen haben, zumal ihnen nichts in den Schoß gefallen ist und sie ganz von unten anfangen mußten. Sein Vater, ein Ewerführer, konnte seinen Kindern nichts in die Wiege legen. Aber vielleicht sind seine unbekümmerte Fröhlichkeit, sein goldener Optimismus mehr wert als alles andere. Würden die Millionen Fußballfans von dem einstigen ›Sturmtank‹ der Nationalmannschaft, von dem ›Kanonier vom Dienst‹ noch immer so schwärmen, wenn er nicht so offen, so gradlinig und so unkompliziert wäre? Heute ist er ein erfolgreicher Geschäftsmann. Und so sind es auch namhafte Geschäftsleute, mit denen er zum Essen kommt. ›Uns Uwe‹, wie immer, witzig und freundlich. Der bullige Hamburger hat so gar nichts von einem s-teifen Hanseaten. Noch bevor der erste Gang serviert wird, kann Rüdiger Kowalke ihm die Grüße ausrichten, die ihm der englische Fußball-Nationalheld Bobby Charlton in Marbella, wo sie sich auf dem Golfplatz trafen, aufgetragen hat. Uwe Seelers Augen glänzen: »Mein Gott, der Bobby, wenn ich noch an jene Jahre denke, dann wird mir ganz warm ums Herz. War das eine Zeit!«

Arturo Benedetti Michelangeli

Carpaccio vom Steinbutt und Lachs mit Beluga Malossol Kaviar

Es darf ruhig roh sein

»Besonders lieb waren ihm stets die Japaner – und dies aus zwei Gründen. Erstens muckten sie nie vor, während oder nach den Konzerten auf, ob sie nun stattfanden oder nicht; und zweitens stellten sie ihm die besten Klavierstimmer der Nation zur Verfügung. Michelangeli ist in Japan offenbar ein Klaviergott, für den jeder Pianist Harakiri begeht«, schreibt Klaus Geitel im Feuilleton der ›Berliner Morgenpost‹. Nun, Italiens Meisterpianist Arturo Benedetti Michelangeli, von dem die Journalisten berichten, daß er Mickymaus lese, gern koche und sich manchmal nicht in seinem Bett, sondern neben dem Klavier zur Nachtruhe lege, hat noch eine Leidenschaft aus Japan mitgebracht: den Appetit auf rohen Fisch. Und rohen Fisch möchte er natürlich auch bei Rüdiger Kowalke essen. Sein Begleiter, Dr. Ulli Märkle, Chef der Klassischen Abteilung der ›Deutschen Grammophon‹, ruft vorsichtshalber an, ob das denn im Fischereihafen-Restaurant möglich sei. Natürlich. So wird für den Maestro eine völlig neue Kreation der Küche aufgefahren: Das Carpaccio von Lachs und Steinbutt wird hauchdünn aufgeschnitten. Arturo Benedetti Michelangeli kostet kritisch. Dann strahlt er: »Wie in Japan!« Ein Kompliment für die Küche. Seither ist roher Fisch ein Renner und nicht mehr von der Karte wegzudenken.

Zutaten für 4 Personen:
200 g Steinbuttfilet
200 g Lachsfilet
4 EL Crème fraîche
56 g Kaviar
Pfeffer aus der Mühle, Meersalz
1 Limone, Sonnenblumenöl

Zubereitung:
Das Steinbutt- und Lachsfilet von den Gräten befreien. Das Steinbuttfilet in große dünne Scheiben schneiden, etwas plattieren und auf Klarsichtfolie rechteckig legen. Darauf das ebenfalls in große dünne Scheiben geschnittene Lachsfilet legen.
Nochmals plattieren und zu einer Roulade zusammenrollen. Mit der Klarsichtfolie fest einwickeln und 24 Stunden im Tiefkühlschrank frieren.
Auf der Aufschnittmaschine in dünne Scheiben schneiden und auf Teller anrichten, mit Limonensaft und Sonnenblumenöl marinieren und mit Meersalz und Pfeffer würzen.
In die Mitte einen Löffel Crème fraîche geben und mit Kaviar garnieren.

Getränkeempfehlung:
Champagner brut

Optisch auf das Essen eingestimmt

Sie kommt mit ihrem Mann Jochen Litt – und ist neugierig. Margot Werner, Primaballerina, Chansonsängerin und Schauspielerin, ist immer neugierig. Besonders auf Restaurants. »Weil man so oft enttäuscht wird«, sagt sie aus Erfahrung und ohne Umschweife. Natürlich kennt sie sich aus, wenn es um lukullische Genüsse geht. Nicht nur, weil ihr Mann Hotelier ist und die Liebe auch durch den Magen geht. »Ich komme ja beruflich viel herum und werde häufig eingeladen. Da kriegt man eine feine Witterung, was Speisekarte und Realität angeht.« Gern läßt sie sich das Menü zusammenstellen. Warum nicht mal überraschen lassen? Von jedem ein bißchen, das ist es, was sie reizt. Ihr Blick wandert nach draußen. Auf der Elbe schiebt sich ein Riesentanker vorbei. »Hier wird man ja schon optisch auf das Essen eingestimmt«, lächelt sie. Dann kommen die Ober. Das Aroma der Suppe steigt ihr in die Nase, wobei sie genießerisch die Augen schließt. Ihre Serviette fällt herunter. Der Ober bringt sofort eine neue. Eine Selbstverständlichkeit? Margot Werner sieht es anders – und ist voll des Lobes: »Daß Essen und Bedienung gleichermaßen gut sind, erlebt man sehr selten. Meine nächste Pressekonferenz findet hier statt.« Übrigens, Margot Werner hat Wort gehalten.

Margot Werner

Sülze von norwegischem Hummer mit grünem Spargel auf Orangenschaum

Der Hummer lebt in algenbewachsenen Felsgebieten der norwegischen Küste in Tiefen von 2–40 Metern. Die beste Fangzeit liegt zwischen Anfang Mai und Ende Oktober.

Zutaten für 4 Personen:
1 Hummer à 600 g, ¼ l Fischfond
4 cl Cognac
4 Blatt Gelatine, 1 TL Kümmel, 1 Sellerie
1 Wurzel, 1 gespickte Zwiebel, 200 g grüner Spargel
1 EL Crème fraîche, 1 EL geschlagene Sahne
1 Orange, 2 EL flüssige Sahne
2 Schalotten, 0,2 l Champagner, 3 Eiklar
1 EL gehackter Dill, 1 g Safran, 100 g Hechtfilet (Streifen)
1 EL Butterschmelz, Salz, Cayennepfeffer, Paprika

Zubereitung:
Den Hummer kochen und aufschlagen.
Die Hummerschalen zerkleinern, im Topf mit Butterschmelz anrösten.
Die gewürfelten Schalotten, Wurzel, Sellerie dazugeben. Gut anschwitzen, mit Cognac flambieren und mit Champagner ablöschen.
Mit Salz, Cayennepfeffer und Paprika würzen und mit dem Fischfond auffüllen. 20 Minuten auf kleiner Flamme kochen, durch ein Haarsieb gießen und erkalten lassen.
Hechtfilet mit Eiklar, etwas Salz, Pfeffer und Safran vermengen und in den kalten Hummerfond geben. Aufkochen und 10 Minuten ziehen lassen, bis das Eiklar stockt und dadurch den Hummerfond klärt.
Diesen Fond durch ein Passiertuch gießen und die eingeweichte Gelatine dazugeben.
Das Hummerfleisch in kleine Würfel schneiden, mit gehacktem Dill vermengen und mit Salz, Cognac und etwas Zitronensaft würzen.
In Moccatassen oder Timbale füllen und mit dem Hummergelee auffüllen.
Einige Stunden in den Kühlschrank stellen.

Orangenschaum:
Den Saft von einer Orange mit 2 EL geschlagener Sahne und 1 EL Crème fraîche verrühren, mit etwas Salz, Zucker und weißem Pfeffer abschmecken.

Weinempfehlung:
Badischer Sylvaner, halbtrocken

Den Erfolg konservieren

Er sei der Kulenkampff-Nachfolger, sagen die Macher hinter den Kulissen des Fernsehens. Er selbst hat gegen diesen Vergleich nichts einzuwenden. Zumal der Übergang vom ›Disco-Tommy‹ zum charming-boy der reiferen Generation längst vollzogen ist. Ohne sich die unbezahlbaren Nichtigkeiten seines Stromlinien-Jargons abzuschminken, plaudert er so, daß ihn auch die Großmütter verstehen – und mögen. ›Häuptling schnelle Lippe‹, der ja einmal Schullehrer war und das Katheder nur so zum Spaß mit dem Radiomikrophon (anfangs zur Durchsage von Verkehrsnachrichten) vertauscht hatte, ist das Aushängeschild einer neuen Moderatoren-Generation. Natürlich liebt auch er den Erfolg. Wer tut das nicht? Aber er läuft ihm nicht nach, er will ihn nicht um jeden Preis. Und schon gar nicht wegen der Gage. »Ich sehe meine Fernsehkarriere unter einer Langzeitperspektive. Mich interessiert nicht die schnelle Mark, sondern der Beruf an sich. Mein Alibi für diesen nicht immer einfachen Job ist es, anderen Freude zu machen. Daher sind neue Ideen für mich viel wichtiger als alles andere.« Gottschalk, der sonst den Schalk im Nakken hat, wird ernst und nachdenklich, wenn es um Karrierefragen geht. Er weiß längst, wie schwierig und mühsam es ist, den Erfolg zu konservieren.

Thomas Gottschalk

Graved Lachs mit Dill-Senf-Sauce

Die von uns bevorzugten Lachse werden in den Fjorden Norwegens gezüchtet und sind ganzjährig lieferbar.

Zutaten für 4 Personen:
500 g Lachsfilet
40 g Zucker
35 g Salz
2 EL Dillspitzen
1 Schuß Cognac
1 EL Öl
½ TL weiße zerdrückte Pfefferkörner

Zubereitung:
Das Lachsfilet von den Gräten befreien.
Salz, Zucker, Dillspitzen und die zerdrückten Pfefferkörner vermengen.
Den Lachs auf eine Platte legen, mit den Zutaten bedecken und mit Öl und Cognac marinieren.
24 Stunden abgedeckt im Kühlschrank ziehen lassen.
Den Graved Lachs mit einem scharfen Messer in sehr dünne Scheiben schneiden und auf Tellern anrichten.
Die Dill-Senfsauce wird in einer Sauciere extra serviert.

Dill-Senfsauce:
2 EL Senf, 2 EL Honig, 80 g Butter, 2 EL Dillspitzen, 1 Zitrone, 1 Schuß Cognac, 1 EL Öl, 2 EL geschlagene Sahne, Salz und Pfeffer.
Die Butter in einem Topf erwärmen, Honig, Senf und Öl mit dem Schneebesen verrühren.
Die Dillspitzen dazugeben. Die geschlagene Sahne unterziehen und mit Salz, Pfeffer, einem Schuß Cognac und etwas Zitronensaft abschmecken.

Weinempfehlung:
Rheingauer Riesling, halbtrocken

II.
Suppen

Bianca Jagger und der Senatsbeschluß

Der Name Jagger reflektiert Musik, wenn man an Mick denkt. Bei Bianca, seiner geschiedenen Frau, ist er gleichbedeutend mit Jet-set. Denn zu lange schon hält sich das Gerücht, sie habe sich die Scheidung von dem ›rollenden Stein‹ fürchterlich vergolden lassen und führe nun das Leben einer Diva. Immerhin, mit dem wilden Mick verheiratet gewesen zu sein, entlockt so manchem ein tiefgründiges ›Oh làlà‹. Neuerdings versucht Bianca Jagger, die zwischen ihren Sympathien für Nicaragua und dem süßen Leben in Luxus pendelt, Geld zu verdienen. Mit Filmen, aber auch mit Werbetourneen durch große Kaufhäuser. So kommt sie weit herum. Im Fischereihafen-Restaurant hat sie sich Altenwerder Fischersuppe bestellt. Natürlich sitzt sie am VIP-Tisch. Der Blick auf Elbe und Hafen gefällt ihr. Doch leider zieht es ihr. Steifer Nordwest drückt auf die Scheiben. Und Bianca Jagger hat Angst, Rheuma zu bekommen. Der Platz ist schnell gewechselt, alles ist o.k. Aber Rüdiger Kowalke nimmt dies zum Anlaß, von der Fischereihafen-Gesellschaft neue Fenster zu erbitten, was bei Behörden natürlich nicht ganz einfach zu realisieren ist. Immerhin, die Angelegenheit nimmt ihren bürokratischen Lauf. Und schließlich wird ein Senatsbeschluß gefaßt: Die Fenster werden ausgewechselt.

Bianca Jagger

Altenwerder Fischersuppe

Zutaten für 4 Personen:
200 g Seeteufelfilet
200 g Seezungenfilet
200 g Steinbeißerfilet
1 g Safran
30 g feingeschnittene Kräuter (Estragon, Dill, Schnittlauch, Kerbel)
50 g Butter
1 Schalotte oder kleine Zwiebel
1 l Fischbrühe
80 g in Streifen geschnittenes Gemüse (Lauch, Sellerie, Wurzeln)

Zubereitung:

Klären der Fischbrühe:
Eiklar von 4 Eiern mit etwas feingeschnittenem Suppengemüse und 100 g gewürfeltem Steinbeißerfilet vermengen.
Dieses unter die erkaltete Fischbrühe geben und unter ständigem Rühren aufkochen lassen.
10 Minuten ziehen lassen; dann durch ein Passiertuch gießen und mit Safran, Pernod, Salz und Pfeffer abschmecken.

Fischersuppe:
Die Fischfilets in 1 cm große Würfel schneiden und zusammen mit den Gemüsestreifen, der feingewürfelten Zwiebel in Butter anschwitzen, leicht mit Salz, Pfeffer und Knoblauch abschmecken.
Mit der geklärten Fischbrühe auffüllen und einmal aufkochen. Die Einlage (Fischwürfel und Gemüse müssen auf den Punkt gegart sein) sowie die feingeschnittenen Kräuter dazugeben und in einer Terrine oder im tiefen Teller anrichten.
Als Beilage serviert man Knoblauchbrot.

Knoblauchbrot:
Meterbrot in Scheiben schneiden, mit Butter bestreichen und mit zerdrückten, feingehackten Knoblauchzehen und etwas Salz bestreuen. Im Ofen oder Salamander überbacken.

Tip: Es können auch Krebse mit verwendet werden.

Weinempfehlung:
Sauvignon (Bordeaux), trocken

Carolin Reiber

Hummerrahmsuppe

Zutaten für 4–6 Personen:
1 Hummer 600–700 Gramm
2 Schalotten, 50 g Wurzeln, 50 g Sellerie
50 g Lauch, 1 Zitrone, ⅛ l weißer Burgunder
¾ l Geflügelbrühe, 4 cl Cognac
2 EL Crème fraîche, 2 EL geschlagene Sahne
1 TL Kümmel, 1 TL Paprika
1 EL Butterschmelz, 80 g Butter
Salz, Cayennepfeffer, 1 Bund Suppengrün

Das ›R‹ als Markenzeichen

Mit ihrem melodiösen bayrischen Akzent und dem charmant gerollten ›R‹ ist Carolin Reiber eine Ausnahmeerscheinung auf deutschen Bildschirmen. Eigentlich wollte sie sich diesen markanten bajuwarischen Zungenschlag ja durch ein pädagogisches Sprachtraining wegbringen lassen. Schließlich muß eine Sprecherin des Bayerischen Rundfunks ihren Dialekt im Zaume halten können. Doch dann kamen viele Briefe und Anrufe. Zuschauer und Zuhörer wollten die schöne Carolin wieder mit ›Rrrr‹ haben. So rrrollt sie denn durch ihre vielen TV-Sendungen, und die Zeit, in der sie ihre Fernseharbeit als einen Übergangsjob betrachtete, ist längst vorbei. Carolin Reiber, einst Fremdsprachenkorrespondentin, 1959 Münchener Faschingsprinzessin und seit einer Goodwill-Reise durch die USA Ehrenbürgerin von Texas, gehört zu den meistgefragten Fernseh-Entertainerinnen. Ihr Bekanntheitsgrad entspricht dem des Bundeskanzlers. Trotz allem läßt sie auf ein gemütliches Familienleben mit Ehemann Luitpold und den beiden Söhnen Marcus und Maximilian nichts kommen. Übrigens, sie liebt derbe bayerische Kost. Allerdings nur in Bayern. Wenn sie nach Hamburg kommt, macht sie garantiert eine Ausnahme.

Zubereitung:
3 l Wasser in einen großen Topf geben, mit Salz, gespickter Zwiebel, Gemüsebukett, Kümmel einen Sud kochen. Den Hummer im kochenden Sud 15 Minuten garen lassen, vom Feuer nehmen und im Sud erkalten lassen.

Den Hummer der Länge nach aufschneiden, Hummermark (Corail) und das Fleisch des Schwanzes herausnehmen. Fleisch aus den Scheren schlagen und beides zur Seite stellen.

Die Hummerschalen zerkleinern, im Topf mit Butterschmelz anrösten. Die gewürfelten Schalotten, Wurzel, Sellerie, Lauch dazugeben. Gut anschwitzen, mit Cognac flambieren und mit Weißwein ablöschen. Mit Salz, Cayennepfeffer und Paprika würzen und mit der Geflügelbrühe auffüllen.

20 Minuten auf kleiner Flamme kochen lassen.

Durch ein Haarsieb gießen, nochmals etwas einkochen, Crème fraîche, geschlagene Sahne dazugeben und mit kalten Butterflocken binden.

Mit etwas Zitronensaft, Salz, Pfeffer und Cognac nachschmecken.

Die Hummerscheren halbieren, den Hummerschwanz in Scheiben schneiden und in tiefen Tellern anrichten. Mit gegarten Gemüseperlen und mit gehacktem Hummermark garnieren.

Michael Douglas

Rahmsüppchen von Edelfischen

Zutaten für 4 Personen:
50 g Seeteufelfilet
50 g Seezungenfilet
50 g Lachsfilet
50 g Steinbuttfilet
¾ l Fischbrühe
50 g Butter
1 Zwiebel
2 EL geschlagene Sahne
1 EL Crème fraîche
1 Glas Pernod
Salz und Pfeffer

Zubereitung:
Die Fischfilets in ca. 1 cm große Würfel schneiden und zusammen mit den feingewürfelten Zwiebeln in Butter anschwitzen.

Leicht mit Salz und Pfeffer würzen und mit der Fischbrühe auffüllen, einmal aufkochen.

Die Einlage auf den Punkt garen, aus der Brühe nehmen und warmstellen.

Die Fischbrühe durch ein Haarsieb gießen, nochmals aufkochen und mit Crème fraîche, geschlagener Sahne und kalten Butterflocken binden.

Mit Zitronensaft, Salz und Pfeffer und einem Schuß Pernod abschmecken.

Die Rahmsuppe mit der Einlage in Tassen geben und im Ofen oder Salamander mit geschlagener Sahne überbacken.

Auf den Straßen von St. Pauli

Michael Douglas ist auf der ›Jagd nach dem grünen Diamanten‹. Und was macht ein so erfolgreicher Filmproduzent, wenn er in Hamburg ist? Natürlich einen Reeperbahn-Bummel. In den ›Straßen von San Francisco‹ kennt er sich ja aus. Als ›Inspektor Heller‹ ist ihm rund ums Golden Gate so gut wie nichts verborgen geblieben. Die ›sündigste Meile der Welt‹ indessen fehlt noch in seiner Milieu-Sammlung. Also bummelt er mit dem Manager von ›20th Century Fox‹ Klaas Akkermann und einigen Freunden durchs tiefste St. Pauli – bis ihm der Magen knurrt. Und da ein guter Pressechef stets die besten Adressen zur Hand hat, landet der weltbekannte Hollywood-Star und -Produzent mit seiner Crew – na, wo wohl? – im Fischereihafen-Restaurant. Er ist freundlich und locker. Lachend erzählt er von seinem Film, der nach zwei Wochen schon 20 Millionen Dollar eingebracht hat. »Zum erstenmal spiele ich den verrückten Typ, der ich eigentlich bin.« Autogramme? Er gibt sie gern. Und wer ihn nach seinem Vater fragt, bekommt zu hören, daß sie sich prima verstehen. Kirk Douglas sei einfach stolz auf seinen Sohn – auch weil der Filius schon sechs und der Senior noch keinen ›Oscar‹ bekommen hat. Michael Douglas hat einen Bärenhunger. Und dann: »Ich habe den besten Fisch meines Lebens gegessen.«

31

Ein König des Films

Wer Deutschlands populären Film- und Fernsehproduzenten an seinem fröhlichen Gesicht mißt, ahnt nicht, wieviel Tatkraft, Energie und Konsequenz in Professor Gyula Trebitsch steckt. Ein höchst aktiver Erfolgsmensch ohne Unterbrechung. Nicht einmal die Barriere des Rentenalters konnte ihn bremsen. Nach 126 Kinofilmen (darunter ›Der Hauptmann von Köpenick‹ mit Heinz Rühmann, ›Des Teufels General‹ und ›Schinderhannes‹ mit Curd Jürgens, ›Die Zürcher Verlobung‹ mit Liselotte Pulver, ›Gabriele‹ mit Zarah Leander) sattelte er um und setzt nun via Bildschirm fort, was ihm auf der Leinwand internationales Ansehen verschafft hat. Doch bei allen Erfolgen ist der Mann, ›der Ideen sichtbar macht‹ und ein ›Hollywood an der Elbe‹ schuf, bescheiden auf dem Teppich geblieben. In seinem Büro auf dem Gelände des ›Studio Hamburg‹ hat er sich von seinem fast primitiven, braun gebeizten Schreibtisch aus dem Jahre 1947, den er damals auf Bezugsschein bekam, noch nicht trennen können. »Heute ist alles so schnellebig und kurzfristig. Man unterwirft vieles der Mode – von der Kleidung bis zur Gesinnung. In diesen alten Möbeln sehe ich ein Zeichen von Stabilität«, sagt er. Ob er ein Gourmet sei? Mit seinem ›Bitta schön‹-Charme sagt der Budapester: »Na ja, am liebsten Gulasch...«

Gyula Trebitsch

Hamburger Aalsuppe

Zutaten für 6–8 Personen:
2 kg Schinkenknochen vom Katenschinken (mit Parüren)
3 l Wasser
750 g kleine Ostseeaale = 300 g filierte Aale
150 g Kurpflaumen (entsteint)
1 Btl. Backobst
1–2 Äpfel
2 EL Essig, 3 EL Johannisbeergelee
1 Bund Suppengrün
2 Stangen Lauch, 2 Möhren, 1 kleine Sellerieknolle
1 Zwiebel
Salbei, Thymian, Bohnenkraut, Majoran, Basilikum, Pfeffer, Salz, Zucker

Zubereitung:
Die Schinkenknochen zerkleinern, in einen großen Suppentopf geben und mit dem Wasser bedecken. Einmal aufkochen lassen, gut abschäumen. Die Gewürze, das Backobst sowie das geputzte Suppengemüse und Zwiebeln hinzufügen. Die Brühe bei leichter Hitze etwa 2 Stunden langsam köcheln lassen. Sie darf nicht sprudelnd kochen, da sie sonst trübe wird.

Porree, Möhren, Sellerie in Streifen oder Rauten schneiden. Den vorbereiteten, filierten Aal in 2 cm breite Stücke schneiden. Die Brühe durch ein Haarsieb oder Passiertuch gießen, entfetten und mit Salz, Pfeffer, Zucker, Johannisbeergelee und Essig abschmecken. Erneut zum Kochen bringen und die Gemüsestreifen und Aalstücke in der Brühe langsam garziehen lassen.

Die Äpfel schälen, das Kerngehäuse herausstechen und in feine Scheiben schneiden.

In den letzten Minuten zusammen mit den Pflaumen in der Brühe ziehen lassen. Zum Schluß Schwemmklößchen in die fertige Suppe geben.

Im tiefen Teller anrichten.

Jeder Gast soll 4 bis 5 Stück Aal, 2 bis 3 Pflaumen und 1 bis 2 Apfelringe neben dem Gemüse auf dem Teller haben. Mit gehackter Petersilie bestreuen.

»Schwämmklößchen« zur Aalsuppe

¼ l Wasser, 80 g Butter, 1 Prise Salz, etwas Muskat, 125 g Mehl,
3 Eier

Das Wasser mit der Butter, Salz und Muskat zum Kochen bringen.
Von der Kochstelle nehmen und das Mehl auf einmal in die
kochende Flüssigkeit geben. Mit einem Holzlöffel so lange rühren,
bis ein glatter Teig entsteht.
Die Masse etwas abkühlen lassen, dann die Eier nacheinander
unterrühren.
Der Teig muß jedesmal glatt sein, wenn das nächste Ei hinzukommt.
Von dem Teig mit 2 nassen Teelöffeln kleine Klößchen abstechen
und im kochenden Salzwasser in 10 Minuten garziehen lassen.

III.
Warme Vorspeisen/
Zwischengerichte

Der malende Politiker

Seine Vermittler-Rolle im Tarifkonflikt der Metallindustrie ist noch in bester Erinnerung. Als schließlich Ende Juni 1984 ein siebenwöchiger Arbeitskampf, unter dem die Bundesrepublik stöhnt, zu Ende geht, atmet ein ganzes Volk auf. Georg Leber hat die Brücke zwischen Arbeitnehmern und Arbeitgebern geschlagen. Dank seiner starken Persönlichkeit. Von ihm sind in der Vergangenheit viele Impulse ausgegangen. Als Bundesverkehrsminister war es der »Leber-Plan«, der die rasende Fahrt der Bundesbahn in die roten Zahlen stoppen sollte. Als Verteidigungsminister und »Soldatenvater« trat er dafür ein, daß die Staatsbürger in Uniform sich nicht wie »gedungene Landsknechte« fühlen und zu eigenem Denken und Handeln erzogen werden sollten. Auch nach seinem Ausscheiden aus der aktiven Politik bleibt er ihr verbunden. Dennoch: »Schorsch« Leber ist ein stiller Mann. Weil ihn viele mögen, braucht er sich nicht krampfhaft ins Gespräch zu bringen. In ihm steckt etwas Elementares, er ruht in sich selbst. In seinem Haus bei Berchtesgaden nutzt er die Nähe der Natur, um zu malen. Und seit er nach dem Tode seiner Frau wiederverheiratet ist, werden es auch wieder fröhliche Bilder. Der Blick auf die Elbe fasziniert ihn. Vielleicht bringt er nächstes Mal seine Staffelei mit!

Georg Leber

Salat von Land und Meer

Zutaten für 4 Personen:
Salat:
200 g Jahreszeitensalat, z. B. Frisee, Radiccio, Endivien, Chicoree
8 mittelgroße Champignons, weiß
2 EL grünes Traubenkernöl
1 EL Kräuteressig
2 Schalotten, 1 Prise Zucker
2 cl Weißwein

Land und Meer:
160 g vorgekochtes, abgezogenes Kalbsbries
120 g Entenstopfleber
2 Riesengarnelen
160 g Seeteufelfilet
4 große Jacobsmuscheln mit Rogen
80 g Butter, Salz, Pfeffer, Zitronensaft

Zubereitung:
Das Kalbsbries in 4 Scheiben à 40 g schneiden, mit Salz und Pfeffer würzen, in Mehl wenden, gut abklopfen und in Butter goldgelb braten.
Die Entenstopfleber in 4 Scheiben à 30 g schneiden, in Mehl wenden und in Butter braten, danach mit Salz und Pfeffer würzen.
Die Riesengarnelen von den Schalen befreien, halbieren, würzen und braten.
Das Seeteufelfilet in 4 Portionen à 40 g schneiden und zusammen mit den Jacobsmuscheln würzen und ebenfalls in Butter braten.
Die Salate gut waschen, etwas klein zupfen, die Champignons waschen und in Scheiben schneiden.
Traubenkernöl, Kräuteressig und Weißwein, die feingewürfelten Schalotten vermengen und mit dem Schneebesen aufschlagen, mit Salz, Pfeffer und 1 Prise Zucker würzen.
Die Salate und Champignons mit dem Dressing vermengen. Auf dem Teller in der Mitte anrichten und die einzelnen gebratenen Zutaten um den Salat legen.

Weinempfehlung:
Elsässer Riesling

Heute so, morgen so

»Ich sterbe vor Hunger«, stöhnt Roberto Blanco und rollt das R, daß es eine Freude ist. Abgekämpft kommt der Showstar mit seinem Partner von einem Tennismatch – und möchte nur noch essen, und zwar gut und viel. Ob er einen Tisch bestellt habe? Der ›braune Bomber‹ lacht, die weißen Zähne blitzen. »Ich heiße Blanco!« – »Wenn Sie mir das jetzt nicht gesagt hätten, würde ich Sie womöglich mit Heino verwechselt haben«, scherzt Rüdiger Kowalke. Nun lachen beide. Roberto Blanco hat Glück. Zwei Plätze werden frei. Sein Appetit ist wirklich ungeheuer. »Wer viel arbeitet, muß auch gut essen«, philosophiert er. Und er arbeitet ja wirklich viel. Kaum jemand hat so viele Gala-Auftritte wie er. Manchmal zwei an einem Abend. Aber er liebt seinen Beruf trotzdem. Und er ist seinem Produzenten, der ihn für den Film ›Stern von Afrika‹ entdeckt hat, nicht böse. Sonst wäre aus ihm vermutlich der Arzt Dr. Roberto Zerquera geworden. Das Medizin-Studium hatte er an der Madrider Universität schon begonnen. ›Heute so, morgen so‹ brachte ihn ins andere Metier. Als nach dem Essen der Digestif-Wagen vorgefahren wird, der beladen ist mit feinstem Cognac, edelstem Likör bis zum Marc de Champagne, stößt er mit dem Chef des Hauses an: »Weil wir uns gleich so gut verstanden haben...«

Roberto Blanco

Hummerraviolis in Safranbrühe

Zutaten für 6–8 Personen:

Für den Teig:		Für die Füllung:
gelb:	1 Ei	1 Hummer 600 g
	100 g Mehl	200 g Lachsfilet
	1 g Safran	¼ l flüssige Sahne
	1 TL Wasser, Salz, Muskat	1 TL feingeschnittene
grün:	1 Ei	Trüffelwürfel
	200 g Mehl	1 l Fischbrühe
	2 EL Spinatmasse	1 g Safran
	1 EL Öl, Salz, Muskat	1 cl Cognac, Suppengemüse
rot:	1 Ei	
	200 g Mehl	
	2 EL Tomatenmark	
	1 EL Öl, Salz, Muskat	

Zubereitung:

Den Hummer kochen, ausbrechen und in kleine Stücke schneiden, das Hummermark feinhacken.

Aus dem Lachsfilet und der flüssigen Sahne ein Lachsmus herstellen. Die Hummerstücke, Trüffel und das Hummermark unter das Lachsmus geben.

Die einzelnen Teige gleichmäßig dünn ausrollen und mit der Füllung Raviolis herstellen.

Die fertigen Raviolis in kochendem Salzwasser 3–4 Minuten garen und in Eiswasser kurz abschrecken, damit die Farben klar bleiben.

Die Hummerschalen zerkleinern, mit dem kleingeschnittenen Suppengemüse in Butterschmelz anrösten. Mit Cognac flambieren und mit der Fischbrühe auffüllen.

20 Minuten kochen lassen, durch ein Tuch passieren.

Den erkalteten Hummerfond mit Eiklar und Fischconsommée klären (siehe Altenwerder Fischersuppe). Nochmals passieren und mit Salz, Cognac und Safran abschmecken.

Die Raviolis in der Brühe erhitzen und im tiefen Teller servieren.

Der schnelle Brüter

Hans R. Beierlein hat unbekannte Sänger zu Topstars gemacht (wie Udo Jürgens, Alexandra, Michael Schanze). Ihm gelingt es seit Jahren, elektronische und Print-Medien zu verkoppeln. Fernsehen und Zeitungen, die früher unerbittlich konkurrierten, hat er zu Geschäftspartnern werden lassen. Mit seiner Hilfe marschieren beispielsweise ZDF und ARD Arm in Arm mit den Schallplattenfirmen infolge gemeinsamer Aktivitäten in die Profitzone. Die Branche nennt ihn dank seiner nie versiegenden Ideen einen ›schnellen Brüter‹ und profitiert gern von seinen Einfällen. So stehen ihm die Türen in den Programm- und Chefredaktionen immer offen. Aber auch nach der Arbeit weiß Deutschlands Medienmanager Nummer eins, was Spaß macht. Als Gourmet mit verwöhnter Zunge steht bei seinen Hamburg-Besuchen das Fischereihafen-Restaurant immer auf seinem Programm. Und sein Statement ist ein seltenes Kompliment: »Essen ist ein Teil unserer Kultur. Eckart Witzigmann, Heinz Winkler, Hans-Peter Wodarz und Rüdiger Kowalke sind keine geringeren Künstler als Beuys, Fischer-Dieskau oder Karajan. Wenn es eine Hitparade der besten Fischrestaurants in Deutschland geben würde, die Nummer eins wäre Rüdiger Kowalke sicher.«

Hans R. Beierlein

Kartoffelplätzchen mit Beluga Malossol Kaviar

Wissenschaftler unterscheiden 26 verschiedene Störarten, von denen jedoch nur 3 Arten von großer wirtschaftlicher Bedeutung sind. Diese 3 Störarten sind auch die Hauptlieferanten der köstlichen Kaviarsorten. Der Hausen, auch Beluga-Stör genannt, liefert nicht nur den besten, großkörnigen Kaviar, sondern hat auch das feine, weiße Fleisch. Die Bezeichnung »Malossol« auf den Dosen betrifft nur den Salzgehalt.

Zutaten für 4 Personen:
56 g Kaviar
4 EL Crème fraîche
300 g geschälte, geriebene Kartoffeln
1 Ei
50 g Butterschmelz
Muskat, Salz und Pfeffer

Zubereitung:
Die geriebenen Kartoffeln mit einem verquirlten Ei vermengen. Mit Salz, Muskat und Pfeffer würzen. In Butterschmelz 4 kleine Kartoffelpuffer – ca. 6 cm Durchmesser – backen.
Auf je einen Puffer 1 EL Crème fraîche geben und mit je 14 g Kaviar garnieren.

Tip: Man kann auch Sevruga- oder Oseetra-Kaviar nehmen.

Getränkeempfehlung:
Champagner brut

Diesmal ohne Cello

Die herzliche Umarmung gehört zu den liebenswerten Seiten der russischen Seele. Mstislav Rostropowitsch, dem wohl niemand den Ruf streitig macht, der beste Cellist der Welt zu sein, kommt herein und drückt den Chef des Hauses wie einen alten, lieben Bekannten ans Herz. 30 Begleiter sind bei ihm. Und kaum haben sie Platz genommen, verbreitet ›Slawa‹ (wie ihn seine Freunde nennen) spontane Lebensfreude und allerbeste Laune. Er liebt gutes Essen und Gemütlichkeit. Es wird ein fröhlicher Abend. Und am nächsten Tag ist der Mann, den die Sowjetunion seiner Heimat verwiesen hat, weil er für Solschenizyn eintrat, ihm in seiner Datscha Quartier gewährte und einen Schreibtisch zur Verfügung stellte, wieder da. Er bringt seine Frau, die einstige Bolschoi-Primadonna Galina Wischnewskaja, mit. »Gestern war ich eingeladen. Das war ein Erlebnis«, sagt er. »Aber heute möchten wir uns selber etwas aussuchen. Sie haben eine so interessante Speisekarte. Und die würden wir am liebsten einmal rauf und runter essen.« Nun, Mstislav Rostropowitsch ist ein Gourmet. Bedächtig wählt er die Speisen aus. Er läßt sich gern beraten. Dann – nach ein paar Stunden – kommt der Abschied. Natürlich wieder mit der herzlichen Umarmung, die nun mal zu den liebenswerten Seiten der russischen Seele gehört...

Mstislav Rostropowitsch

Austern mit Champagnersauce überbacken

Im Handel ist es üblich, die Herkunft der Austern anzugeben. Die bekanntesten sind die französischen BELON und MARENNES, die holländische IMPERIAL, die englischen COLCHESTER und WHITSTABLE, die skandinavische LIMFJORD, die belgische OSTENDE, die PORTUGAIS und die FINE CLAIRE. Die beste Austernzeit ist von Mitte September bis Ende April.
Die Entwicklung der Auster dauert etwa 4 Jahre, unter diesem Alter ist sie nicht genießbar.

Zutaten für 4 Personen:
24 Stück Imperialaustern
¼ l Champagner
80 g Butter
2 EL Crème fraîche
2 EL geschlagene Sahne
2 Eigelb
2 Schalotten, Salz, weißer Pfeffer

Zubereitung:
Die Austern mit einem Austernmesser vorsichtig öffnen, mit einem Pinsel und Salzwasser säubern, wobei das Austernwasser erhalten bleiben muß.
Die Austern von der Schale lösen und den Bart entfernen. Mit etwas weißem Pfeffer würzen und unter dem Salamander oder im Ofen steif werden lassen.
Die feingewürfelten Schalotten in Butter glasig anschwitzen, mit Champagner auffüllen und das Austernwasser dazugeben. Etwas einkochen lassen, durch ein Tuch gießen.
Die Crème fraîche dazugeben, nochmals aufkochen und mit der geschlagenen Sahne, der kalten Butter und den Eigelben binden.
Mit etwas Zitronensaft, Salz und Pfeffer würzen.
Diese Sauce über die Austern in der Schale gießen und überbacken.

Tip: Der Austernliebhaber bevorzugt die Austern naturelle auf Eis serviert, mit etwas frisch gemahlenem Pfeffer und in Würfel geschnittenem Chesterkäse.

Getränkeempfehlung:
Champagner brut

Showmasters Wackelpeter

Profilierten Köchen Konkurrenz zu machen, ist nicht ganz einfach. Michael Schanze hat's versucht. »Der Junge hat Talent«, schwärmt Rüdiger Kowalke noch heute. Der Anlaß: Die 50. Sendung von ›1, 2 oder 3‹. Sie wird mit einem Admirals-Dinner gefeiert. Kulinarische Genüsse aus Neptuns Reich – wie Aalterrine, Lachs- und Steinbuttfilet im Wirsingkleid, Seezungenroulade in Minzsoße, zarte Matjes-Variationen und frische Büsumer Krabben – sind gefragt. Die Stimmung schlägt bei Michael Schanze und seinen prominenten Gästen hohe Wellen. Und schließlich überrascht der Mann, den die Medien so gern als Sonnyboy, Strahlemann und Tausendsassa feiern, seine Gäste und die Köche-Crew mit seiner mitgebrachten, selbst gekochten Götterspeise, auch Wackelpeter genannt. Einstimmiges Urteil der Gaumen-Experten: »Hervorragend im Geschmack, etwas poppig in der Farbe, jedoch ein bißchen zu fest in der Konsistenz.« Das Fazit von Rüdiger Kowalke: »Michael bleibt weiter zuständig für die Show und seine Jugendsendungen; die Köche des Fischereihafen-Restaurants bleiben fürs Kochen kompetent.« Der Vorschlag wird von Michael Schanze angenommen, der sich nach dem Wackelpeter-Spektakulum an den Flügel setzt und seine Gäste bis zum frühen Morgen unterhält.

Michael Schanze

Aalterrine

Zutaten für 1 l Terrinenform (mit Deckel) für 8–10 Personen:
800 g Räucheraal
400 g Hechtfilet
80 g frisches Weißbrot
2 TL Butter, 1 Eiklar
¼ l geschlagene Sahne
¼ l flüssige Sahne
Schalotten, Salz, weißer Pfeffer, etwas Pernod
feingeschnittener Dill, Gemüsewürfel

Zubereitung:
Die Butter schmelzen, die Schalotten darin hell anschwitzen und erkalten lassen.
Das Weißbrot entrinden, in Würfel schneiden und mit der flüssigen Sahne übergießen.
Das Hechtfilet in Streifen schneiden und mit den in der Sahne eingeweichten Weißbrotwürfeln vermengen. Würzen, etwas Pernod und das Eiklar hinzugeben, in einer Moulinette fein pürieren.
Die Farce durch ein Haarsieb streichen und auf Eis rühren, bis sie glänzt.
Nach und nach die geschlagene Sahne gut unterarbeiten. Die Terrinenform oder Pastetenform mit Alu-Folie auslegen, einfetten und mit der Hechtfarce bestreichen. Ein Drittel der vorgegarten Masse mit feinen Gemüsewürfeln und dem Dill vermengen.
Den filierten Räucheraal mit der restlichen Farce in der Mitte einordnen.
Im Wasserbad bei 90 Grad Wassertemperatur 35 bis 40 Minuten garen.

Tip: Die Terrine kann in der Mitte auch eine Lachsfarce haben.
Eignet sich als Vorspeise ebenso wie als warmes Zwischengericht, serviert mit einer leichten Meerrettich- oder Kräutersauce.

Weinempfehlung:
Elsässer Gewürztraminer

Der Chefdenker

»Ich bin kein großer Volksheld. Nehmen Sie Adenauer. Dessen große Kunst war es, komplizierte Vorgänge ganz einfach darzustellen. Das ist nicht meine Stärke«, sagt in einem ›Playboy‹-Interview Egon Bahr, ein Mann von der anderen politischen Fakultät. Er ist häufig in Hamburg, denn seit 1984 bekleidet er an der Universität den Posten des Institutsdirektors für Friedensforschung und Sicherheitspolitik. Dennoch ein Vollblutjournalist, der zwar in jungen Jahren Musiker werden wollte, aber im ›Dritten Reich‹ keine Studienerlaubnis erhielt, weil er eine ›nichtarische‹ Großmutter hatte. Der Journalismus jedenfalls ist es, der seinen Namen populär macht. Anfangs als Reporter der nach 1945 von den Sowjets gelenkten ›Berliner Zeitung‹, später bei der amerikanischen ›Allgemeinen Zeitung‹, beim ›Tagesspiegel‹, von 1950 bis 1960 als Kommentator des RIAS (Rundfunk im amerikanischen Sektor) und zugleich auch als Chefredakteur. Willy Brandt macht ihn 1960 zum Leiter des Presse- und Informationsamtes in Berlin. Später zeichnet er mitverantwortlich für die Ostverträge. »Geltungssüchtig ist er überhaupt nicht, aber er ist eitel«, schreibt Rolf R. Bigler 1973, »er will nicht glänzen, sondern leuchten.« Und der ›Playboy‹ über den Chefdenker der Sozialdemokraten: »Ein Mann, der zu Recht geliebt werden möchte.«

Egon Bahr

Leipziger Allerlei »Neue Art«

Der Krebs bewohnt die Uferzonen stehender und fließender Gewässer mit klarem, sauerstoffreichem Wasser. Er wird in der Zeit von Anfang Juli bis Ende Dezember gefangen.

Zutaten für 4 Personen:
16 große Krebse
50 g Zuckererbsen
50 g Erbsenschoten
80 g junge Möhrchen mit Kraut
40 g Champignons
80 g Kohlrabi
1 Bund grüner Spargel
8 St. frische Morcheln
80 g Butter
1 Bund Kerbel
1 Schalotte, 1 EL Crème fraîche, 1 EL geschlagene Sahne

Zubereitung:
Aus 2 l Wasser, 1 TL Kümmel, 1 Bd. Suppengemüse, Salz und Pfeffer einen Sud kochen. Die Krebse in den sprudelnd kochenden Sud geben und am Herdrand 10 Minuten ziehen lassen. Danach die Krebse mit der Schaumkelle herausnehmen, abtropfen lassen und abkühlen.
Die Krebsschwänze und Scheren ausbrechen und den Darm entfernen.
Die Gemüsesorten putzen und waschen, Kohlrabi und Wurzeln olivenförmig schneiden (tournieren).
Die Morcheln mehrmals gut waschen.
In einem flachen Topf die sehr fein geschnittenen Schalotten in Butter anschwitzen.
Das auf den Punkt vorgekochte Gemüse, Spargel, Wurzeln, Kohlrabi zusammen mit den Erbsen, Schoten und Morcheln dazugeben, mit 3 EL Krebssud auffüllen.
Den Sud einkochen lassen, Crème fraîche dazugeben und mit geschlagener Sahne und kalter Butter binden.
Die Krebsschwänze und Scheren kurz erwärmen und das Leipziger Allerlei hiermit garnieren.

Weinempfehlung:
Franken Müller-Thurgau, trocken

Fast ein halber Hamburger

*Er fühlt sich fast ›wie'n halber Hambur-
ger‹. »Ick habe an der Elbe doch schon so
oft Theater jespielt«, grinst Harald Juhnke. Diesmal ist er aber zu einem Fototer-
min gekommen. Und er hat Ingrid Steeger
und Dackel Felix mitgebracht. Wo Harald
Juhnke, der Chapeau claque des deutschen Bildschirms, auftaucht, sind die Reporter nicht weit. Vielleicht gibt es wieder
was zu berichten? Was er in Hamburg am
liebsten mache, fragt ihn ein junger Journalist: »Wenn ick viel Zeit habe, schlen-
dere ick durchs Hanse-Viertel, kucke mir
die Schaufenster an, freu' mich über alle,
die mir ›hallo Harald‹ zurufen – und gehe
Fisch essen. Am liebsten Seezungen-Rou-
lade. Ist mein Leib- und Magengericht.
Außerdem sitze ick jerne am Wasser,
wenn unterm Fenster die Schiffe vorbeifahren. Det ist ja det Schöne hier am Fischereihafen-Restaurant. Auf der Elbseite
die Möwen und auf der Landseite die
Bordsteinschwalben...« Wo immer Harald Juhnke ist – er strahlt gute Laune aus.
Sein Berliner Frohsinnsgesicht ist nicht
aufgesetzt; sein Humor sitzt tief im Herzen. Bei der Bestellung allerdings paßt seine Begleiterin auf. »Für den Herrn nur ein
Wasser!« »Ist doch klar«, lacht er und
drückt Ingrid Steeger einen lauten Kuß
auf die Wange. Und die Gäste an den
Nebentischen lachen freundlich mit.*

Harald Juhnke

Seezungenroulade auf Avocadoschaum

Die Seezunge wird in der Nordsee, im Skagerrak und im Kattegat
gefangen. Die Hauptfangzeiten liegen zwischen Mitte April und Juli
sowie zwischen Oktober und Dezember.

Zutaten für 4 Personen:

1 Seezunge von 1000 g
300 g Lachsfilet
50 g Gemüsewürfel (Wurzel, Sellerie, Lauch)
1 Stck. Trüffel
¼ l flüssige Sahne, 2 EL geschlagene Sahne
1 EL Crème fraîche, 1 EL Noilly Prat
100 g Blattspinat, Pfeffer, Salz

Zubereitung:

Lachsmus:

200 g Lachsfilet in Streifen schneiden, mit Salz, Pfeffer und Noilly Prat
würzen, im Mixer pürieren. Flüssige Sahne dazugeben und einige
Sekunden gut mixen. Durch ein Haarsieb streichen und kaltstellen.
Die Seezunge filieren, parieren und die Filets halbieren, etwas plattieren und auf einen Bogen gebutterter Alu-Folie lückenlos aneinander-
setzen und salzen.
Auf die Filets ein Drittel der Lachsfarce streichen, blanchierte Spinatblätter darauflegen und etwas andrücken. Die restliche Lachsfarce mit
feingeschnittenen Trüffeln und Gemüsewürfeln vermengen und jeweils mit einem länglich geschnittenen Lachsfilet in der Mitte einordnen. Das Ganze in Alu-Folie einrollen und an den Seiten fest verschließen.
Die Rouladen 15–20 Minuten im Wasserbad bei 90 Grad garziehen
lassen.

Avocadoschaum:

Avocados halbieren, entkernen und das Fruchtmark mit einem Löffel
aus der Schale nehmen. Im Mixer mit Crème fraîche pürieren, durch
ein Haarsieb streichen, mit etwas flüssiger Sahne und 2 EL geschlagener Sahne glattziehen. Mit Salz, Pfeffer und Zitronensaft abschmecken.

Weinempfehlung:
Mosel Riesling, halbtrocken

Keiner lacht fröhlicher

Liselotte Pulver hat eine enge, ja sogar familiäre Beziehung zur Waterkant. Sohn Marc-Tell fährt als Marineoffizier zur See. Aber auch beruflich ist sie oft in Hamburg. Fernsehspiele, Theater und natürlich die ›Sesamstraße‹ – quasi als Partnerin des Zottelmonsters Samson – sind es, die die Schweizerin in den hohen Norden locken. Vielleicht wäre sie ja nie ›die Pulver‹ geworden, hätte sie nicht eines Tages als süßes Mädel in dem Film ›Föhn‹ in den bärenstarken Armen eines Hamburgers gelegen, nämlich von Hans Albers. Der blonde Hans brachte Lilo Glück. Mit ihm kam sie erstmals auf die Titelseiten der Illustrierten. Und damit war sie, wie man heute sagen würde, ›in‹. Aber ›Kobold der Nation‹ wurde sie erst nach dem ›Wirtshaus im Spessart‹. Seither freut man sich über ihre spontanen Lachkaskaden und den Optimismus, den sie verbreitet. Natürlich warten auch die Gäste im Restaurant auf einen solchen frischen Lacher. Und Liselotte Pulver, die Steinbuttfilet in roter Buttersoße bestellt, enttäuscht ihre Tischnachbarn nicht. Einige müssen mitlachen; Pulver-Lachen steckt eben an. Ob sie mit diesem Lachen auch das Lampenfieber verscheuchen könn? Sie sagt: »Da hilft das Lachen wenig. Beim Lampenfieber vertraue ich mehr auf autogenes Training. Ein paar simple Übungen, und ich bin nach einer Minute schon ganz ruhig.«

Liselotte Pulver

Suprême vom Steinbutt in roter Buttersauce

Das Hauptfanggebiet für den Steinbutt ist die Nordsee, da er in der Ostsee selten über 50 cm groß wird. Die Fangzeit ist ganzjährig, beschränkt sich aber hauptsächlich auf die Zeit zwischen April und Juli.

Zutaten für 4 Personen:
400 g Steinbuttfilet
100 g Butter
⅛ l Burgunder Rotwein
1 Zitrone
½ l Fischbrühe
1 Prise Zucker, Salz
1 Zwiebel
⅛ l Rote Beetesaft

Zubereitung:
Das Steinbuttfilet in vier Portionen à 100 g schneiden.
Die feingewürfelte Zwiebel in Butter anschwitzen und mit der Fischbrühe auffüllen.
Einmal aufkochen, die Steinbuttfilets hineingeben und auf den Punkt garen.

Rote Buttersauce:
Rote Beetesaft zusammen mit dem Rotwein und 2 EL Fischbrühe aufkochen. Mit kalter Butter binden und mit Zitronensaft, Salz und einer Prise Zucker abschmecken.
Im tiefen Teller servieren.

Weinempfehlung:
Mosel Riesling, trocken

IV.
Hauptgerichte

Dem HSV verbunden

Wenn die Giganten HSV und Bayern München im Hamburger Volksparkstadion aufeinandertreffen, ist es Usus, daß die Präsidien beider Clubs vor dem Spiel gemeinsam speisen. Eine fröhlich-freundliche Runde – zu der HSV-Präsident Dr. Wolfgang Klein einlädt. Austragungsort dieser traditionellen Begegnung ist das Fischereihafen-Restaurant. Fisch liegt leicht im Magen, also genau das Richtige vor dem Spiel. Dr. Klein, seit seinem Jurastudium Wahl-Hamburger, liebt die Atmosphäre dieser Stadt. Bekannt für seine großen Sprünge (sechsmal Deutscher Meister im Weitsprung, Teilnehmer an zwei Studentenweltmeisterschaften, einer Europameisterschaft und an den Olympischen Spielen in Tokio – Bestleistung 7,90 Meter), für seine lockeren, fundierten Fernseh-Moderationen früher in der NDR-Sportschau und für seine gut florierende Rechtsanwaltspraxis, wird sein Name in den letzten Jahren zunehmend mit dem HSV und mit Hamburg in Verbindung gebracht. In vielen Fernsehdiskussionen gibt er den Ton an, viele Impulse – besonders, was das Verhältnis Fußball und Fernsehen angeht – kommen von ihm. Unter seiner Führung hat der HSV seine größten Erfolgsphasen erlebt. »Dem Sport verdanke ich alles«, sagte er einmal. Aber gewiß hat auch der Sport von ihm profitiert.

Wolfgang Klein

Roulade von Stör und Lachs im Wirsingkleid

Wir beziehen unsere lebenden Störe aus norditalienischen Züchtereien. Die von uns bevorzugten Lachse werden in Norwegens Fjorden gezüchtet.

Zutaten für 4 Personen:

200 g Lachsfilet	Wirsingblätter
150 g Zanderfilet	2 EL Spinatpüree
400 g Störfilet	80 g Butter
¼ l flüssige Sahne	1 l Fischbrühe
2 EL geschlagene Sahne	1 EL Meerrettich

Zubereitung:

Die Wirsingblätter gut waschen, den Strunk entfernen, in kochendem Wasser blanchieren und in Eiswasser abschrecken, damit sie schön grün bleiben.

Auf ein Tuch zum Abtropfen legen.

Aus dem Zanderfilet und der Sahne ein Mus herstellen.

Auf gebutterter Alu-Folie die Wirsingblätter rechteckig auslegen und etwas salzen. Leicht mit dem Zandermus bestreichen. Die Störfilets in dünne, gleichmäßige Scheiben schneiden, etwas plattieren und auf die mit der Farce bestrichenen Kohlblätter legen.

Die restliche Zanderfarce mit Spinatpüree gut anmischen.

In die Mitte des Rechteckes die in große, lange Streifen geschnittenen Lachsfilets geben, leicht salzen und mit der grünen Farce bedecken.

In Alu-Folie einrollen und fest verschließen. Die Fischbrühe zum Kochen bringen und darin die Röllchen bei 90 Grad 15 bis 20 Minuten garziehen.

¼ l Fischbrühe abnehmen, zur Hälfte einkochen, Crème fraîche, geschlagene Sahne dazugeben und mit der kalten Butter binden.

Zum Schluß den Meerrettich einrühren und mit Salz und Zitronensaft abschmecken.

Die Rollen aus der Folie nehmen, in Scheiben schneiden und mit der Sauce und gelben Rüben servieren.

Weinempfehlung:
Rheingauer Riesling, trocken

Der Maestro
und das Buddelschiff

*Leonard Bernstein und die Wiener Phil-
harmoniker in der Hamburger Musikhalle. Der Applaus will kein Ende nehmen.
Doch das Mitternachtsdinner im Fischereihafen-Restaurant wartet. Hamburgs
Erster Bürgermeister Klaus von Dohnanyi, der frühere Bundeswirtschaftsmini-
ster Otto Graf Lambsdorff und die 145
Orchestermitglieder – fast alle Musikpro-
fessoren und im Frack – fahren vor. Etwas
später, so gegen Mitternacht, erscheint
dann der Maestro. In strahlender Laune
umarmt er den Chef des Hauses Rüdiger
Kowalke. Bei Leonard Bernstein ist über-
glückliche Freude der großen Anspannung
im Konzertsaal gewichen. Die stürmisch
applaudierenden Musiker und Gäste erheben sich. Leonard Bernstein, von dem der
Klaviervirtuose Arthur Rubinstein sagte,
er sei der beste Pianist unter den Dirigenten und der beste Komponist unter den
Pianisten, genießt diesen Empfang und
das Blitzlichtgewitter der Fotografen. Inzwischen wird aufgetragen. Das Menü:
Unter anderem Galantine vom Plöner Aal
mit Entenstopfleber. Doch bevor er sich
dem Essen widmet, nimmt er von Rüdiger
Kowalke eine kleine Erinnerung an diesen
großen Tag entgegen: das Buddelschiff,
die alte ›Preußen‹. Er ist so begeistert, daß
er es sofort bruchsicher verpacken und
schon am nächsten Tag in sein New Yorker
Appartement fliegen läßt.*

Leonard Bernstein

Galantine vom Plöner Aal mit Entenstopfleber und Backpflaumen

Die Aale wandern von ihren Meereslaichplätzen in Süßwassergebiete.
Sie werden von Ende Juni bis Dezember gefangen.

Zutaten für 4 Personen:
2 große Stücke Aal (Bauchstücke), ca. 600 g
300 g Entenstopfleber
¼ l Crème fraîche
4 cl Cognac
10 Stck. Backpflaumen ohne Stein (Kurpflaumen)
¼ l flüssige Sahne
3 Blutorangen
weißer Pfeffer, Salz, grüne Pfefferkörner
100 g Blattspinat

Zubereitung:
Die Bauchstücke vom abgezogenen Aal ausnehmen, gut waschen und
vorsichtig die Rückengräte entfernen.
Die Entenstopfleber auseinanderziehen, jedes Teil in der Mitte aufbre-
chen. Die Häute und Adern sorgfältig entfernen und die Leber etwas
weichkneten. Mit frischgemahlenem weißen Pfeffer, Salz und Cognac
marinieren. Die kleinen Stücke und Parüren durch ein Haarsieb strei-
chen, mit einem Eßlöffel flüssiger Sahne verarbeiten. Die marinierte
Stopfleber mit der Lebercreme vermischen und mit den Backpflaumen
in die blanchierten Spinatblätter wickeln.
In die mit Pfeffer, Salz gewürzten Aalscheiben einschlagen, mit Alu-
Folie umwickeln, fest verschließen und im Wasserbad bei 80 Grad
Wassertemperatur 20 Minuten garziehen.
Mindestens 12 Stunden zum Abkühlen in den Kühlschrank stellen.

Orangen-Pfefferschaum:
Den Saft von 3 Blutorangen mit Crème fraîche, geschlagener Sahne gut
verrühren und mit etwas Zucker, einer Prise Salz und grünem Pfeffer
abschmecken.
Garnitur: Austernpilze und Fliederbeeren.

Weinempfehlung:
Badischer Gewürztraminer, lieblich

Foto vorangegangene Doppelseite

Hermann Neuberger

Matjesfilet Hausfrauen Art mit Pellkartoffeln

Wir bevorzugen Holländische Matjes, die ganzjährig lieferbar sind. Am zartesten und geschmackvollsten sind die jungfräulichen Heringe von Mai bis Ende Juli.

Zutaten für 4 Personen:
12 Matjesfilets
1 großer Apfel
1 große Zwiebel
3 EL Crème fraîche
3 EL geschlagene Sahne
3 EL flüssige Sahne
50 g Mayonnaise
Salz, Pfeffer, 1 Zitrone

Zubereitung:
Den geschälten Apfel und die Zwiebel in feine Streifen schneiden. Die Majonnaise und die Crème fraîche mit der flüssigen und der geschlagenen Sahne verrühren.
Die Zutaten in die dickflüssige Sauce geben, mit Salz, Pfeffer und Zitronensaft abschmecken.
Die Matjesfilets werden auf einer Platte mit gestoßenem Eis angerichtet und mit Zwiebelringen garniert.
Als Beilage Pellkartoffeln servieren.

Getränkeempfehlung:
Bier und eiskalter Klarer

Wo Hermann Neuberger den Fußball vergaß

Nur wenige Politiker können es mit ihm aufnehmen; Hermann Neuberger ist einflußreicher und mächtiger als die meisten. Präsident des Deutschen Fußballbundes, Vizepräsident der FIFA – sein Wort hat Gewicht, sein Name Klang. Was er den Kickern und ihren Fans signalisiert, ist wie das Amen in der Kirche. Franz-Josef Wagner, der brillante Serien- und Buchautor, nennt ihn einen ›echten deutschen Fußballfan, nicht zurechnungsfähig...‹. Weil ihm eben der Fußball über alles gehe. Schließlich hat der Ex-Hauptmann in Rommels Afrikakorps schon in englischer Kriegsgefangenschaft angefangen, Spiele gegen die Wachmannschaften zu organisieren. Es ist Ende Mai. Hermann Neuberger hat sich zum Essen angemeldet. Er kommt pünktlich (Pünktlichkeit erwartet er auch von seinen Fußballern). Und er hört auf die Empfehlung von Rüdiger Kowalke. Der wiederum freut sich, daß genau an diesem Tag die Matjes-Saison eröffnet wird. Klar, daß der Präsident des Deutschen Fußballbundes die ersten jungfräulichen Matjes serviert bekommt, die die Königin der Niederlande in einer alljährlich wiederkehrenden Zeremonie freigegeben hat. Das Faß wird geöffnet – und Hermann Neuberger gibt sich ganz den Gaumenfreuden hin. Voll des Lobes – so sehr, daß er für eine ganze Stunde den Fußball vergißt.

Heino und die Kegeldamen

Heino entgeht keinem. Er kann sich mit seiner Hannelore ruhig in eine Ecke verkriechen. Die dunkle Brille und das blonde Haar verraten ihn auf Meilen, ziehen die Blicke an, wie das Licht die Motten. Von Heino schwärmen die Ober: »Der ist so zurückhaltend und bescheiden – richtig wohltuend. Man hört immer von Künstlern, die gern höher stapeln, als sie groß sind. Heino ist genau das Gegenteil.« Diesmal speist zur gleichen Zeit – ein paar Tische weiter – ein Damenkegelclub aus seinem Heimatort Bad Münstereifel. Guter Wein lockert die Zunge und macht Mut. Erst bitten die Damen ihn um ein Autogramm. Heino legt Messer und Gabel beiseite – und schreibt. Dann, beim Nachtisch, kommen sie und möchten ein Foto. Heino legt wieder den Löffel beiseite, ziert sich nicht und läßt sich schließlich an der Bar von allen Damen umarmen. »Dat soll der krönende Abschluß unserer Hamburg-Tour sein«, sagt eine mollige Blonde. Es blitzt ein paarmal (schließlich möchte jede einmal neben dem Wanderlieder-Bariton sitzen), dann gehen sie alle an ihre Tische zurück. Ein glücklicher Damenkegelclub fährt nach Hause. Ob ihn solche Unterbrechungen stören? Heino schüttelt den Kopf: »Aber nein. Auch das gehört zu meinem Beruf. Sind doch schließlich meine Fans…«

Heino

Heilbuttfilet »Gärtnerin Art« mit Gemüsestreifen in Kräuterschaum

Der Heilbutt wird ganzjährig im Nordatlantik und in den Gewässern um Neufundland gefangen.

Zutaten für 4 Personen:

100 g Heilbuttfilet
½ l Fischfond
50 g Kräuter (Dill, Schnittlauch, Kerbel, Estragon, Petersilie)
150 g Butter
2 Schalotten
2 EL Crème fraîche
2 EL geschlagene Sahne
1 Zitrone
⅛ l trockenen Weißwein
1 große Wurzel, 1 Stck. Sellerie, 1 Stange Lauch
50 g Zuckerschoten, 1 Stck. Kohlrabi
Salz und Pfeffer

Zubereitung:

Gemüse putzen, waschen und in feine Streifen schneiden. In etwas Butter anschwitzen, mit Salz und Pfeffer würzen, 2 EL Wasser dazugeben und zugedeckt auf den Punkt garen.

Das Heilbuttfilet in 4 Portionen, ca. 2 Scheiben pro Person, schneiden und mit Zitronensaft marinieren und salzen.

Die feingeschnittenen Schalotten in Butter glasig anschwitzen. Mit der Fischbrühe auffüllen und den Heilbutt in diesem Fond dünsten. Anschließend herausnehmen und warmstellen.

Den Fischfond durch ein Haarsieb gießen und etwas einkochen.

Crème fraîche, geschlagene Sahne und die feingeschnittenen Kräuter dazugeben, nochmals aufkochen und mit kalten Butterflocken binden. Mit Zitronensaft, Salz und Pfeffer abschmecken.

Den Fisch auf einer Platte anrichten, mit Kräutersauce übergießen und mit Gemüsestreifen garnieren.

Als Beilage: Butterkartoffeln.

Weinempfehlung:
Rheingauer Riesling, trocken

Francis Lai

Scampis auf spanische Art

Diese Krebsart wird im ostasiatischen Raum gefangen und kommt von dort gefroren in den Handel.

Zutaten für 4 Personen:
12 Stck. große Scampis (⁸⁄₁₂er)
3 EL Olivenöl
1 EL Zucchinirauten, 1 EL grüne Oliven ohne Stein
1 EL schwarze Oliven ohne Stein, 1 gr. zerdrückte Knoblauchzehe,
2 EL Tomatenpüree, 1 cl trockener Wermuth, 1 TL Estragon, 1 TL Dill
1 EL Pinienkerne, 1 EL rote und grüne Paprikarauten
3 EL Muskatellerwein, 2 Schalotten
Salz, Pfeffer, Paprikapulver

Zubereitung:
Die Scampis werden bis zur Schwanzflosse von den Schalen befreit, der Darm wird vorsichtig gezogen.
Die feingeschnittenen Schalottenwürfel werden zusammen mit der zerdrückten Knoblauchzehe in einem flachen Topf oder in der Pfanne in Olivenöl glasig angeschwitzt. Die in Streifen geschnittenen Oliven sowie die Paprika, Zucchini und Pinienkerne dazugeben. Mit Salz, Pfeffer, etwas Paprikapulver würzen und mit dem Muskatellerwein auffüllen.
Einige Minuten kochen, die Zutaten müssen auf den Punkt gegart sein. Anschließend mit dem Tomatenpüree binden und mit Wermuth, etwas Zitronensaft und den feingeschnittenen Kräutern vollenden.
Die Scampis mit Salz, Pfeffer, Knoblauch würzen und in Olivenöl braten.
Portionsweise auf Tellern anrichten und mit ofenfrischem Meterbrot servieren.

Weinempfehlung:
Sauvignon (Bordeaux), trocken

Von Paris an die Elbe

Er gehört zu den bekanntesten Unbekannten: Francis Lai. Die ganze Welt summt seine Melodien – von der romantischen ›Love-Story‹ über die Film-Musik von ›Bilitis‹ bis zum zauberhaften ›Chabadabada‹ aus dem Film ›Ein Mann und eine Frau‹. Doch ihn, den kleinen Südfranzosen aus Paris, kennt man kaum. Am liebsten verkriecht er sich in seinem Penthouse über den Dächern von Paris und komponiert. Von dort oben, wo man einen traumhaften Blick auf Eiffelturm und Seine hat, wo ›Oscar‹, ›Goldene Europa‹ und viele andere Erfolgstrophäen glitzern, kann ihn Dagmar, seine Frau, nur weglocken, wenn sie ihn zu einem Gaumenschmaus ausführt. Denn auf Musik und gutes Essen läßt er nichts kommen. In Hamburg ist er, weil er seiner Schallplattengesellschaft die Musik zur ZDF-Traumschiffserie abliefern will. Und beim Essen erzählt er dann, wie er vor über 20 Jahren die unvergessene Edith Piaf kennengelernt hat. »Es war auf dem Montmartre. Sie hörte mich und lud mich ein, auf einer Party Akkordeon zu spielen. Es ging laut und lustig zu. Der Wein floß in Strömen. Um sechs Uhr morgens erklärte sie leicht schwankend den Gästen: ›Francis wird mich jetzt immer auf dem Akkordeon begleiten und für mich komponieren!‹ Bis zu ihrem Tod schrieb ich 15 Lieder für sie…«

Von Beverly Hills an die Elbe

Grüne Augen, Schmollmündchen, blond wie eine Schwedin und gelegentlich auch nabelfrei – so mag sie vielen noch in Erinnerung sein, als sie in Hollywood die Türen einrannte. Doch die Zeit zwischen der Misswahl in Viareggio und ihren ersten großen Filmerfolgen in der kalifornischen Filmmetropole hat Elke Sommer geprägt. Schon vor dreizehn Jahren sagte sie: »Hollywood ist mir nicht mehr so wichtig!« Damals bezog sich diese Bemerkung auf die Malerei, die ihr plötzlich mehr Erfüllung lieferte als das Zelluloid-Geschäft. Bis zu acht Stunden täglich stand sie vor ihrer Staffelei. »Die Bilder sind ein Stück meiner Seele«, sagte sie damals – und ist dieser Meinung auch heute noch. Ihr Stil? Temperamentssache. Farben je nach Stimmung, ein bißchen süd- und mittelamerikanischer Einfluß und auch ein leichter Anflug von Chagall; das jedenfalls entdeckten Kunstkenner. »Ich werde es nie vergessen: Meine erste Ausstellung war in Hamburg. Und die Bilder gingen weg wie warme Semmeln«, erzählt sie in echt Sommerscher Offenheit und Unbekümmertheit. »Schon deshalb komme ich gern an die Elbe. Zumal ich hier auch auf der Bühne gestanden bin und Fernsehen gemacht habe. Überhaupt, wo sonst gibt es einen solchen Blick auf Hafen und Schiffe wie hier? Können Sie verstehen, daß ich gern in Deutschland arbeite?«

Elke Sommer

Riesengarnelen in leichter exotischer Currysauce mit Kokosreis

Die Scampis bzw. Riesengarnelen werden im ostasiatischen Raum gefangen und kommen von dort gefroren in den Handel.

Zutaten für 4 Personen:
1000 g Riesengarnelen ohne Kopf (ca. 20 Stück)
½ Ananas
2 Bananen
1 Apfel
½ l Geflügelbrühe
2 EL Crème fraîche
2 EL geschlagene Sahne
1 EL Mango-Chutney
1 Zwiebel
100 g Butter, 1 EL Currypulver, Salz und Pfeffer

Zubereitung:
Die Riesengarnelen von ihren Schalen befreien und den Darm entfernen.
Feingeschnittene Zwiebelwürfel in etwas Butter anschwitzen, die Geflügelbrühe dazugeben und einmal aufkochen. Die Garnelen darin auf den Punkt garen, herausnehmen und warmstellen.
Currypulver in Butter anschwitzen und mit dem durch ein Haarsieb gegebenen Garnelensud auffüllen.
Das Obst putzen, waschen und im Mixer pürieren. In den Garnelensud geben und gut verkochen.
Mit Crème fraîche, geschlagener Sahne und der kalten Butter binden, mit Mango-Chutney und Salz abschmecken.
Die Garnelen in einer feuerfesten Form anrichten, mit Currysauce übergießen und mit geschlagener Sahne im Ofen überbacken.

Als Beilage: Kokosreis.

Weinempfehlung:
Württemberger Kerner, halbtrocken

Nachmittags schmeckt's genauso gut

Ihre Popularität ist grenzenlos. Aber auch ihre Liebenswürdigkeit und ihr hanseatischer Charme sind ungewöhnlich. Kein Autogramm ist ihr zuviel. Und sie freut sich über jedes freundliche Wort – im Kaufhaus, auf der Straße oder im Restaurant. Heidi Kabel, die Volksschauspielerin, hat den Kontakt zu ihrem Publikum nicht verloren. Wenn sie ins Fischereihafen-Restaurant kommt – meist zum ›Karpfen blau‹ –, dann ist das so, als käme eine gute alte Bekannte. Viele der Gäste nicken ihr freundlich zu. Und Heidi Kabel lächelt genauso freundlich zurück. Leider, und das bedauert sie sehr, kann sie fast nie abends essen gehen. »Dann stehe ich ja immer auf der Bühne. Also bleibt nur der späte Nachmittag.« Nicht selten wird sie von ihrer Tochter Heidi Mahler und gelegentlich auch von ihrem Ohnsorg-Kollegen Werner Riepel begleitet. Eines Tages leuchten ihre Augen besonders glücklich: »Stellen Sie sich vor. Mein Leben lang werde ich von einer fürchterlichen Migräne geplagt. Jetzt auf einmal sind die Kopfschmerzen weg. Zwei Jahre Akupunktur haben mir geholfen.« Ein guter Grund, auf die Gesundheit anzustoßen. Doch in diesem Punkt ist Heidi Kabel eisern. Lächelnd winkt sie ab. »Vor der Vorstellung keinen Tropfen Alkohol. Mein Prinzip seit über 50 Jahren...«

Heidi Kabel

Spiegelkarpfen »blau«

Der Karpfen bevorzugt warme, stehende oder langsam fließende Gewässer. Seine Fangzeit liegt zwischen Oktober und April.

Zutaten für 4 Personen:
1 Spiegelkarpfen von 7–8 Pfund
6 l Wasser
Essig, Salz
1 Zwiebel, 1 Bund Suppengemüse
1 Lorbeerblatt, 1 TL Nelken
200 g Butter
¼ l geschlagene Sahne
1 Stange Meerrettich

Zubereitung:

Den Karpfen vorsichtig ausnehmen und die Kiemen entfernen. Beim Ausnehmen darauf achten, daß die äußere Schleimhaut und die Galle nicht verletzt werden. Danach vorsichtig unter kaltem Wasser waschen. Der Karpfen wird mit einem scharfen Messer halbiert und pro Hälfte in 4 gleichmäßige Stücke geschnitten.
Aus 6 l Wasser, viel Salz, etwas Essig, Aromaten, Zwiebel und Suppengemüse einen Sud kochen.
Der Karpfen nimmt nur soviel Salz auf, wie er benötigt. Den portionierten Karpfen in den kochenden Sud geben, einmal aufkochen und 25 Minuten am Herdrand ziehen lassen. Danach herausnehmen, gut abtropfen lassen und auf einer Platte mit Tuchserviette anrichten.
Mit zerlassener Butter, geschabtem frischem Meerrettich und geschlagener Sahne servieren.
Wir empfehlen, den Karpfen in zwei Gängen zu servieren.

Tip: Der bei einigen Karpfen vorhandene Milcher sollte unbedingt mitserviert werden – Kenner schätzen ihn als Delikatesse.

Weineempfehlung:
Badischer Weißburgunder, trocken

Foto vorangegangene Doppelseite

Bernhard Langer

Hamburger Pfannfisch

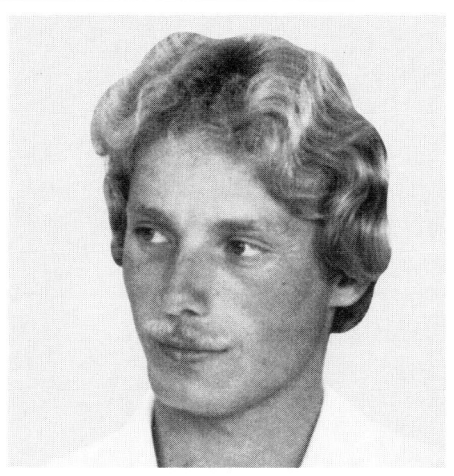

Zutaten für 4 Personen:
500 g gekochte Kartoffeln
800 g Fischfilets (Goldbarsch, Heilbutt oder Steinbutt)
400 g Zwiebeln
100 g Speck, fetten geräucherten
½ l Wasser, ½ l Weißwein
1 Stck. Sellerie, 1 Stange Lauch
einige Pfefferkörner, Lorbeerblatt, Nelke
Salz, Piment
150 g Senf, 3 Eigelb
⅛ l Sahne
125 g Butter
1 Prise Zucker, ½ Zitrone, Petersilie

So spricht der Golfer zum Kaiser

Zubereitung:
Die gekochten Kartoffeln und die Zwiebeln in Scheiben schneiden, in dem ausgelassenen Speck goldbraun braten.
Sellerie und Lauch kleinschneiden, mit den Pfefferkörnern, Nelke, Lorbeerblatt, Piment, Wasser und Wein einen Sud kochen. Darin die Fischstücke garziehen.
Auf den Bratkartoffeln anrichten und mit gehackter Petersilie bestreuen.

Senfsauce:
Die Hälfte des Fischsuds durch ein Haarsieb gießen und etwas einkochen.
Den Senf einrühren, mit Sahne binden.
Die kalten Butterflocken einarbeiten.
Mit Pfeffer, Salz und einer Prise Zucker sowie Zitronensaft abschmecken.

Tip: Zu diesem Gericht kann man auch die Steinbuttbacken verwenden.
Oder nehmen Sie anstatt normalen Senf einmal Pommery-Senf.

Getränkeempfehlung:
Bier

Internationale Deutsche Golf-Meister-schaften in Hamburg am Falkenstein. Bernhard Langer ist natürlich dabei. Vielleicht, weil dieser Frischluft-Sport Appetit macht, vielleicht aber auch, weil der Süddeutsche, wenn er schon mal im Norden ist, sich ein gutes Fischgericht nicht entgehen lassen möchte: Der Golfkönig kommt an vier Abenden hintereinander. Und jedesmal verlangt er ›Hamburger Pfannfisch‹. Ihn scheint er ins Herz geschlossen zu haben, davon läßt er sich nicht abbringen. Rüdiger Kowalke hat keine Chance, ihn zu einem anderen Gericht zu animieren. Wie es der Zufall will, sitzt Franz Bekkenbauer am Nebentisch. Als Neu-Golfer hat sich der Fußballstar die Meisterschaften am Falkenstein nicht entgehen lassen. Die beiden begrüßen sich. Dann entsteht der folgende Dialog. Bernhard Langer zu Franz Beckenbauer: »Sag mal, warum kommst du eigentlich nur als Zuschauer an den Falkenstein. Du bist doch gar nicht mehr so schlecht und solltest mitspielen, oder?« Darauf Franz Beckenbauer zu Bernhard Langer: »Jo mei, ich hab' mir das auch schon überlegt. Aber wenn ich dich dann so spielen sehe, sage ich mir: Laß es sein, Franz. Nicht weil ich Angst habe. Das ist es nicht. Ich denke dabei viel mehr an deine Existenz. Soll ich dir vielleicht das Brot wegnehmen...?«

Die bunte Flimmerwelt
ist Vergangenheit

Zu Karlheinz Böhm fällt jedem etwas ein. Burgtheater, Sissi-Filme mit Romy Schneider, Filme mit Rainer Werner Fassbinder, Opernregie – und schließlich ›Wetten, daß...‹ im Mai 1981. Der Schauspieler nutzt zur Verblüffung Frank Elstners die Gunst der Stunde, um zu einer Spendenaktion für Millionen hungernder Menschen in Afrika aufzurufen. Das Resultat und die gigantischen Ausmaße dieser Initiative sind bekannt. Karlheinz Böhm, der sich seiner Idee mit Hingabe widmet, hat seine Lebensaufgabe gefunden. Er ist zum Anwalt aller Hungernden geworden. Natürlich verlangt dies viele Reisen und Promotion-Touren. Nichts kommt von selbst. Und deswegen ist er auch in Hamburg. Eingeladen von Freunden, sitzt er mit ihnen im Fischereihafen Restaurant. Sein Blick wandert hinüber zu den Schiffen. Vielleicht ist ja eins dabei, das von ihm gesammelte Hilfsgüter nach Afrika bringt. »Sehnsucht nach meinem früheren Leben habe ich nicht. Dort unten geht es mir besser als in meiner Heimat. Ich habe Freude an dem, was ich tue«, sagt er. Die bunte Flimmerwelt ist Vergangenheit für ihn. Er bezweifelt, jemals wieder in der Lage zu sein, seinen Beruf als Schauspieler so auszuüben wie früher. Die Suche nach dem Sinn seines Lebens hat sich erfüllt.

Karlheinz Böhm

Schollenfilets
mit Käsesauce überbacken

Man unterscheidet zwischen Nordseescholle und Ostseescholle. Die beste Fangzeit liegt zwischen Anfang Mai bis Mitte November.

Zutaten für 4 Personen:
8 Schollenfilets ohne Haut, ca. 800 g
¼ l Milch
⅛ l Fischfond
Saft von 1 Zitrone
2 EL Crème fraîche
2 EL geschlagene Sahne
150 g Butter
2 Eigelb, 3 Eier
250 g Mehl, 100 g Parmesan
Salz und Pfeffer

Zubereitung:
Den Fischfond und die Milch aufkochen, mit der Mehlbutter (50 g Butter, 50 g Mehl) binden und 15 Minuten langsam kochen.
Durch ein Haarsieb gießen, den Parmesankäse dazugeben und mit Crème fraîche, den Eigelben und der geschlagenen Sahne verfeinern, mit Salz, Pfeffer und Zitronensaft abschmecken.
Die Schollenfilets mit Zitronensaft marinieren, salzen, mehlen und durch das aufgeschlagene Vollei ziehen.
In geklärter Butter goldgelb braten.
Auf je einen Teller einen Kartoffelrand spritzen, pro Person zwei Schollenfilets auf Blattspinat setzen.
Mit der Käsesauce übergießen und im Ofen überbacken.

Weinempfehlung:
Badischer Müller-Thurgau, trocken

Mel Brooks

Seezungenröllchen mit grünem Hechtmus in bayrischer Senfsauce

Die Seezunge wird in der Nordsee, im Skagerrak und im Kattegat gefangen. Die Hauptfangzeiten liegen zwischen Mitte April bis Juli und Oktober bis Dezember.

Oscar-Preisträger vom Ober überrascht

›Sein oder Nichtsein‹ – Mel Brooks' Film, mit dem er sich an Ernst Lubitsch heranwagt, hat in Hamburg Premiere. Der Erfolg wird mit 22 Freunden und Bekannten im Fischereihafen-Restaurant gefeiert. Natürlich dreht sich dabei alles um den großen amerikanischen Filmemacher, der mit seinen spontanen Späßen jede Gesellschaft in eine Lachbühne umfunktionieren kann. Mel Brooks ist ein Universaltalent. Schlagzeuger, Gagschreiber, Journalist, Regisseur, Komponist, Humorist und Produzent – eine Karriere voller Abwechslungen und Höhen. Hollywood dankt ihm mit zwei ›Oscars‹ (›The Critic‹ und ›The Producers‹). »Meine besten Ideen hatte ich immer in der Badewanne«, sagt Mel Brooks, dem Gott – nach seinen eigenen Worten – zwar keine Schönheit, dafür jedoch Witz und Schnelligkeit beschert habe. Beim großen Dinner aber überrascht nicht nur er seine Gäste, er selbst wird auch überrascht. Nämlich von dem Ober, der ihn bedient. Gerhard (›John‹) Rug hat 20 Jahre in Großbritannien gelebt und gearbeitet und spricht feinstes Oxford-Englisch. Mel Brooks ist so begeistert, daß er sich jedes Gericht des fünfgängigen Menüs übersetzen läßt, aufsteht und dem Ober die Hand schüttelt. Eine Zeremonie, die seine Freunde schmunzelnd verfolgen.

Zutaten für 4 Personen:
8 Seezungenfilets
200 g Hechtfilet
2 EL Spinatmatte
3 EL süßer Senf
2 Stck. Rote Beete
1 EL Crème fraîche
2 EL geschlagene Sahne, ½ l flüssige Sahne
80 g Butter
1 l Fischbrühe
½ Zitrone, 1 Prise Zucker

Zubereitung:
Das Hechtfilet in Streifen schneiden und mit Salz und Pfeffer würzen. Im Mixer mit der flüssigen Sahne und der Spinatmatte* ein Mousse herstellen, durch ein Haarsieb streichen, auf Eis mit etwas geschlagener Sahne verarbeiten.
Die Seezungenfilets plattieren, würzen, mit der Hechtfarce bestreichen und zusammenrollen.
Anschließend in der Fischbrühe garen und warmstellen.
¼ l Fischfond abnehmen, etwas einkochen lassen. Den Senf dazugeben, mit Crème fraîche, geschlagener Sahne und der Butter binden. Mit einer Prise Zucker, Zitronensaft, Salz und Pfeffer abschmecken. Die Röllchen portionsweise auf vorgewärmten Tellern anrichten, saucieren und mit den tournierten, gegarten roten Rübchen garnieren.

* Spinatmatte:
Spinat waschen, mit wenig Wasser im Mixer pürieren, aufkochen und durch ein Haarsieb streichen und erkalten lassen.

Weinempfehlung:
Rheinhessen Scheurebe, lieblich

Franz Beckenbauer

Kaisergranat auf Cognacrahm mit Lammbries und Minz-Sabayon

Der Kaisergranat, auch Kaiser- oder Kronenhummer genannt, lebt in 40–250 m Tiefe auf weichem Meeresboden. Die Hauptfangzeit ist von Juni bis Oktober.

Zutaten für 4 Personen:

12 St. große Kaisergranatschwänze
150 g abgezogenes Lammbries
1 Strauß Minze
4 Eier, 1 Zitrone, 50 g Hummerbutter
1 TL Cognac, ¼ l Crème fraîche
80 g Butter, ¼ l trockenen Weißwein
½ l Fischbrühe, 1 EL geschlagene Sahne

Zubereitung:

Pro Person nimmt man 3 Stck. Kaisergranatschwänze. Diese werden in der Fischbrühe mit etwas Wurzeln, Sellerie, Kümmel, Schalotten, Pfefferkörnern und Salz etwa 8–10 Minuten gegart.
Die gekochten Granatschwänze werden bis zur Flosse vom Panzer geschält.
Das abgezogene weiße Lammbries wird in 8 gleichmäßige Scheiben geschnitten, leicht mit weißem Pfeffer, Salz gewürzt und in Butter gebraten.

Cognacrahm:

Die Kaisergranatschalen werden zerkleinert, in Butter angeschwitzt, mit Cognac flambiert und mit ¼ l Fischbrühe aufgefüllt. 10 Minuten kochen, passieren und auf die Hälfte einkochen.
Mit der Hummerbutter und Crème fraîche binden, einen EL geschlagene Sahne unterziehen und mit Salz, Cayennepfeffer, etwas Zitronensaft und Cognac abschmecken.

Minz-Sabayon:

4 Eigelb mit etwas Lammfond, trockenem Weißwein aufschlagen.
Mit Salz, etwas Zitronensaft abschmecken und die in Streifen geschnittenen Minzblätter unterziehen.

Tip: Statt Lammbries kann man auch Kalbsbries nehmen.

Weinempfehlung:

Elsässer Gewürztraminer

Der Tip vom ›Bundestrainer‹

Meist sind es Fußball, Golf oder Tennis, die ›Kaiser‹ Franz Beckenbauer nach Hamburg führen. Diesmal kommt er mit Sportschau-Chef Heribert Faßbender und ›BILD‹-Sportchef Gerhard Pietsch. Eine fröhliche Runde. Zufällig war auch Professor Dr. Siegfried Block, bei dem Rüdiger Kowalke eine Frischzellenkur gemacht hat, am gleichen Tag im Restaurant. Es wird über Frischzellen gesprochen. Warum er sich mit 37 Jahren schon hat behandeln lassen, will Franz Beckenbauer vom Chef des Hauses wissen. »Damit ich Sie mit 90 in meinem Restaurant noch verwöhnen kann!« Das wird lachend akzeptiert. Zumal nun auch der Professor sagt, daß man damit nicht früh genug anfangen könne. Nun, der Fußball-Papst läßt sich gern verwöhnen. Die Speisekarte nimmt er gar nicht erst zur Hand. Er vertraut seinen Gaumen Rüdiger Kowalke an. So ist es jedesmal. Die anderen Gäste schließen sich an. Bei einem Glas Champagner wird nach dem Essen noch geplaudert. Und dabei kann sich Kaiser Franz mit einem lukullischen Tip revanchieren. Als er hört, daß Rüdiger Kowalke nach New York muß, sagt er: »Dann avisiere ich Sie im ›Four Seasons‹. Der Chef ist ein Freund von mir. Und dort wird's Ihnen bestimmt genausogut schmecken wie mir bei Ihnen.«

Säen, pflanzen, ernten

»Klaus von Dohnanyi antwortet engagiert und ehrlich. Keine Phrasen, kein hohles Wortgeklingel, keine abgespulte Interview-Routine. In jeder Antwort spüre ich den Ernst und die Betroffenheit dieses Mannes – und wundere mich von Minute zu Minute mehr über das Klischee vom kühlen Technokraten, das ihm so hartnäckig anhängt. Ich lerne einen anderen Klaus von Dohnanyi kennen: keinen Sonnyboy und ganz gewiß keinen Draufgänger – aber einen Mann, der Wärme und Herzlichkeit ausstrahlt«, schreibt die Journalistin Marlis Heinrich im ›Hamburger Abendblatt‹. Hamburgs Erster Bürgermeister hat die politische Szene in der Hansestadt geprägt. Seit 1968 in Bonn, Staatssekretär bei Karl Schiller im Bundeswirtschaftsministerium, später Minister für Bildung und Wissenschaft, Parlamentarischer Staatssekretär im Auswärtigen Amt, führt seine Karriere direkt ins Hamburger Rathaus. Ein geborener Hamburger kehrt zurück in seine Heimatstadt. Hier lebt er mit Ehefrau Christa und Tochter Babette. Die inzwischen erwachsenen Söhne Johannes und Jacob leben nicht in Hamburg. Nach seiner Lieblingsbeschäftigung gefragt, sagt er: »Säen, pflanzen und ernten – im Gemüsegarten.« Sein Traum vom Glück? »Harmonie zwischen Familie und Arbeit.«

Klaus von Dohnanyi

Gebratenes Steinbeißerfilet in Meerrettichsauce mit Preiselbeeren

Der Steinbeißer, auch Seewolf und Katfisch genannt, wird in der Nordsee und im Nordatlantik gefangen. Die Hauptfangzeit liegt zwischen April und Oktober.

Zutaten für 4 Personen:
1000 g Steinbeißerfilet
½ l Fischbrühe
2 EL Meerrettich, gerieben
1 EL Preiselbeeren
80 g Butter
2 EL Crème fraîche
2 EL geschlagene Sahne
1 Zitrone, 50 g Butterschmelz, Pfeffer, Salz
1 Prise Zucker

Zubereitung:

Die Steinbeißerfilets in 4 Portionen à 250 g schneiden (pro Portion 3 Medaillons).
Mit etwas Zitronensaft marinieren und mit Salz und Pfeffer würzen. In Mehl wenden, gut abklopfen und in Butterschmelz goldgelb braten.
Die Fischbrühe auf die Hälfte einkochen lassen, Crème fraîche dazugeben, mit der geschlagenen Sahne und der kalten Butter binden. Mit Zitronensaft, Salz, Pfeffer, einer Prise Zucker abschmecken und zum Schluß den Meerrettich und die Preiselbeeren dazugeben.
Auf großen vorgewärmten Tellern im Broccoli-Kartoffelrand anrichten und mit Zucchinis und Tomatenrose garnieren.

Broccoli-Kartoffelrand:

Broccoli und Kartoffeln kochen, durch die Kartoffelpresse drücken. In einem großen Topf auf dem Herd mit heißer Butter glattrühren und mit 2 Eigelb binden. Mit Salz und Muskat abschmecken.

Weinempfehlung:

Pfälzer Sylvaner, halbtrocken

Kindheitstraum erfüllt

Heinz Sielmann – dieser Name assoziiert ›Expeditionen ins Tierreich‹. Er ist verbunden mit tropischer Urwaldhitze, in der seine Kamera Gorillas aufspürt, und er ist verbunden mit der klirrenden Kälte Kanadas, wo Eisbären seine Objektive kreuzen. Ein zäher, unermüdlicher Naturforscher aus Passion, der von sich sagt, daß er das alles nie als Arbeit, sondern immer nur als Hobby angesehen habe. »Ich bin heute beruflich, politisch und materiell unabhängig – die Voraussetzung zur idealen Selbstverwirklichung.« Sein Leben zwischen Schlangen, Giftspinnen, tödlichen Insekten und Raubtieren läßt sich nicht gerade als ungefährlich bezeichnen. Aber davon will er nichts hören. Für ihn ist es wichtig, sich einen Kindheitstraum erfüllt zu haben. Und so hält er auch nicht viel von dem Begriff ›Streß‹. »Wenn die Arbeit Spaß macht, kann man nicht von Streß reden«, sagt er. Auch heute noch sitzt er gern im gut getarnten Unterschlupf, um Tiere zu beobachten. Doch das allein genügt ihm nicht mehr. Er kennt die Gefahren, die der Tierwelt drohen, besser als jeder andere. Und deshalb fordert er: »Kauft kein Elfenbein mehr. Macht Euch nicht mitschuldig an der Ausrottung der Elefanten.« Sein Engagement hat ihm viele Auszeichnungen und eine Berater-Funktion im ›World Wildlife-Fund‹ eingebracht.

Heinz Sielmann

Scholle »Nach Art der Finkenwerder Fischer« in Speck gebraten mit Kartoffelsalat

Man unterscheidet zwischen Nordseescholle und Ostseescholle. Die beste Fangzeit liegt zwischen Anfang Mai und Mitte November.

Zutaten für 4 Personen:
4 Schollen ohne Kopf
Saft von 1 Zitrone
200 g gewürfelter, fetter Speck
1 ganze Zitrone, Salz
150 g Mehl
⅛ l Öl

Zubereitung:

Die Schollen putzen, waschen und mit Zitronensaft marinieren, salzen und in Mehl wenden. Gut abklopfen.

Den gewürfelten Speck in einer großen Stielpfanne ausbraten. Speckwürfel herausnehmen, das Öl dazugeben und die Scholle von beiden Seiten kroßbraten. Die Speckwürfel dazugeben und die Schollen ständig begießen.

Schollen auf Tellern anrichten, mit Speckwürfel, 1 Scheibe Zitrone garnieren und mit gehackter Petersilie bestreuen.

Beilage: Kartoffelsalat.

Tip: Es muß darauf geachtet werden, daß die weiße Seite zuerst gebraten wird, da die Scholle nur einmal beim Braten gewendet werden soll.

Getränkempfehlung:

Bier

Foto vorangegangene Doppelseite

Herbert von Karajan

Gefüllte Wachtel mit Lachsmousse und Jacobsmuscheln in Morchelrahm

Die Jacobsmuschel wird in der Irischen See, im Südatlantik und im Mittelmeer gefangen. Die Hauptfangzeit ist im Mai und Juni.

Zutaten für 4 Personen:
4 Stck. Wachteln, 4 Stck. mittelgroße Jacobsmuscheln
250 g Lachs, 4 große Spinatblätter, ¼ l Geflügelfond
¼ l Crème fraîche, ¼ l Sahne, 2 EL geschlagene Sahne
weißer Pfeffer, Pernod, Salz
80 g Butter, 4 große Morcheln
Alu-Folie

Zubereitung:
Die Wachteln bis auf die unteren Stelzen entbeinen, mit Salz und Pfeffer würzen.
Die Jacobsmuscheln in die Spinatblätter einhüllen.
Die Wachteln mit dem Lachsmousse und den Jacobsmuscheln füllen und mit gebutterter Alu-Folie umwickeln.

Lachsmousse:
Den Lachs im Mixer mit etwas flüssiger Sahne und einem Schuß Pernod pürieren, dann durch ein Haarsieb streichen und auf Eis kaltstellen.
Nach 10 Minuten die geschlagene Sahne, etwas flüssige Sahne, Cayenne-Pfeffer, Salz hinzugeben und gut mit dem Holzlöffel unterarbeiten.

Morchelrahm:
Die Knochen der Wachteln zerkleinern, in etwas Palmin anrösten, mit Geflügelfond auffüllen, Salz, Wacholderbeeren, etwas Sellerie hinzugeben und 15 Minuten kochen lassen.
Den Fond durch ein Haarsieb gießen, auf die Hälfte einkochen, mit Crème fraîche und kalter Butter binden. Die kleingeschnittenen Morcheln hinzugeben.
(Die gefüllten Wachteln im Ofen bei 200 Grad Celsius 15 Minuten backen.)
Beilage: Broccoliröschen mit Mandelbutter.

Weinempfehlung:
Weißer Meursault

Genießen – aber ganz privat

Herbert von Karajan schottet sein Privatleben ab. Er ganz allein bestimmt, wann sein Auftritt öffentlich ist und wann er für sich sein möchte – zurückgezogen, nur mit seinen engsten Freunden und völlig unbehelligt. Bevor er den Tisch im Fischereihafen-Restaurant bestellt, läßt er sich die verbindliche Zusage geben: Keine Journalisten, keine Fotografen. Der ›Fanatiker der Musik‹ möchte sich nur dem Essen widmen. Und er hält etwas vom guten Speisen. Nicht umsonst ging seinem Butler Francesco Orsomando der Ruf voraus, ein ›Karajan der Küche‹ zu sein. Ein Journalist über ihn: »Sein Risotto schmeckt so, als ob er nicht mit Safran, sondern mit Shakespeare-Sonetten gewürzt wäre.« Herbert von Karajan kann schwelgen. Lukullische Genüsse reizen ihn kaum weniger als die Musik. Gehör und Geschmack, Musikalität und Menü sollen viel Gemeinsames haben. Der Maestro diniert ungestört. Gäste, die an seinem Tisch vorbeikommen, erkennen ihn natürlich. Den markanten Kopf mit der Kinnzacke, dem kurzen grauen Haar und der hohen Stirn kann man auch nicht übersehen. Aber niemand behelligt ihn, keiner will ein Autogramm. Herbert von Karajan genießt diese Atmosphäre. Er bedankt sich, weil das so selten sei. Er werde schon deswegen gern wiederkommen. Denn zu einem brillanten Menü gehöre eine gediegene Atmosphäre ...

Auf das Ambiente kommt es an

Er geht gern essen. Aber um ihn herum muß alles stimmen. »Ich möchte mich gut unterhalten. Im Restaurant soll es nicht zu leise und nicht zu laut sein. Es kommt viel auf die Atmosphäre an, ob man sich wohlfühlt oder nicht«, sagt Peter Bachér, jetzt Herausgeber der ›Hörzu‹. Europas auflagenstärkste Programmzeitschrift hat 12 Millionen Leser. Mehr als ein Jahrzehnt steuerte er als Chefredakteur diesen riesigen ›Dampfer‹. Ein Mann also von erheblichem Einfluß und großer Medienmacht, um dessen Gruß so mancher buhlt. »Wenn ich vier Menschen auf der Straße sehe, ist einer von ihnen ›Hörzu‹-Leser. Das ist großartig und bedrückend zugleich. Denn man fragt sich, was wollen sie lesen, wie wird man ihnen gerecht! Schließlich ist der Umfang unserer Hefte ja nicht so groß, daß wir jeden Geschmack treffen können. So bleibt uns nichts anderes übrig, als ein Symphoniekonzert auf einer Kammerspielbühne zu machen. Wir müssen versuchen, den Universitätsprofessor ebenso anzusprechen wie die Zugehfrau.« Er ist zum erstenmal im Fischereihafen-Restaurant. Das Menü besteht aus fünf Gängen. »Fünfmal Fisch. Erst bekam ich einen gewaltigen Schreck. Dann fand ich es ganz toll. Weil der Fisch ja wirklich nach Fisch schmeckte. Er war nicht durch irgendwelche Beigaben geschmacklich entfremdet.«

Peter Bachér

Medaillons vom Seeteufel mit Backpflaumen

Der Seeteufel, auch Forellenstör und Lotte genannt, lebt in der Nordsee und im Nordatlantik, westlich der britischen Inseln. Er wird hauptsächlich in der Zeit von April bis Oktober gefangen.

Zutaten für 4 Personen:
600 g Seeteufelfilet
12 Backpflaumen
4 Riesengarnelen à 50 g ohne Schale
Saft von 3 Orangen
1 g Safran
2 EL geschlagene Sahne
2 EL Crème fraîche
80 g Butter
1 TL grüner Pfeffer
1 l Fischbrühe
Salz und Pfeffer

Zubereitung:
Die Seeteufelfilets in 12 Stücke à 50 g große Medaillons schneiden. Zusammen mit den Riesengarnelen würzen und in der Fischbrühe auf den Punkt garen.
½ l Fischbrühe abnehmen, auf die Hälfte einkochen, den Saft der Orangen und die Pfefferkörner dazugeben, nochmals aufkochen lassen. Mit der Crème fraîche, geschlagener Sahne und der kalten Butter binden.
Die Medaillons und die Riesengarnelen auf Tellern portionsweise anrichten, mit der Sauce übergießen und mit heißen Backpflaumen garnieren.

Wir servieren dieses Gericht im roten Kartoffelrand (Püreemasse mit Krebspaste).

Weinempfehlung:
Rheinhessen Scheurebe, lieblich

Hamburg hat's ihm angetan

Hamburg ist ein Stück Heimat für Hardy Krüger. Denn zwischen der Schreinerlehre in der Lüneburger Heide und dem Vorstellungstermin bei Wolfgang Liebeneiner, damals Intendant des Deutschen Schauspielhauses in Hamburg, liegt nur ein kleiner Schritt. Aber – er hat sein Leben bestimmt. Schon 1948 kann er an der ›Jungen Bühne‹ in Hamburg Triumphe feiern, in ›Mordprozeß Mary Dugan‹, ›Ich bin 17‹, ›Stundenhändler‹, ›Glasmenagerie‹ und ›Sie trafen sich wieder‹. Der Erfolg treibt ihn zum Film. Das Bild des ›großen, sympathischen Jungen‹ entsteht. Und da er ein Vorwärtstyp ist, drängt·es ihn ins Ausland. Trotz antideutscher Stimmung im London der fünfziger Jahre darf er die Rolle des positiven Deutschen spielen. ›Einer kam durch‹ wird zum Welterfolg. Hollywood und Italien holen ihn. Da er immer alles ein bißchen anders macht, kauft er sich in Tansania die Farm ›Momella‹ und ein Buschhotel. Nach 13 Jahren gibt er alles wieder auf. Der Film hat ihn wieder. Inzwischen schreibt er Bücher. Auch auf diesem Gebiet ertrotzt er sich seinen Erfolg. Der Autor landet in den Bestsellerlisten und holt den Filmstar an Prominenz fast ein. Selbst in der Ehe steht er mit dem Glück auf du und du. Nach zwei gescheiterten Verbindungen ist es die Amerikanerin Anita Park, die ihn seit 1978 begeistert.

Hardy Krüger

Labskaus »Seemanns Art«

Zutaten für 4 Personen:
800 g Pökelfleisch vom Rind
800 g geschälte Kartoffeln
2 Gewürzgurken
2 große Zwiebeln
150 g Rote Beete
1 EL fein zerdrückte Pfefferkörner
4 Matjesfilets
8 Eier
100 g Butter
1 gespickte Zwiebel mit Lorbeerblatt und Nelke
Salz, Pfeffer

Zubereitung:
Das Pökelfleisch in einem großen Topf mit 3 l Wasser und der gespickten Zwiebel weichkochen.
Die Kartoffeln kochen.
Die Gewürzgurken schälen, entkernen, zusammen mit den Zwiebeln und 75 g Rote Beete in feine Würfel schneiden und in Butter anschwitzen.
Das Pökelfleisch fein würfeln oder durch die grobe Scheibe des Wolfes drehen und zu den angeschwitzten Zutaten geben.
Mit ½ l Pökelfond auffüllen, mit weißem Pfeffer und Salz abschmecken und durchkochen. Die Kartoffeln durch die Kartoffelpresse geben und zusammen mit den übrigen Zutaten nochmals kochen.
Auf heißen Tellern anrichten und mit je 2 Spiegeleiern garnieren.

Als Beilage: Matjesfilets und Rote Beete.

Getränkeempfehlung:
Bier und eiskalter Klarer

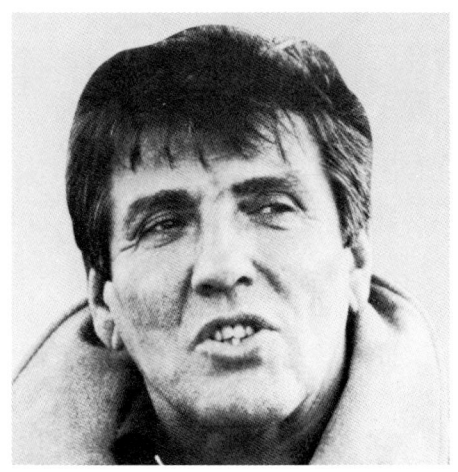

Die Müllerin hat's ihm angetan

Nur wenige Menschen können so herzlich lachen wie er. Und noch weniger haben sich schon so viele Knochen gebrochen wie er. Arnim Dahl ist als ›Klettermaxe‹ längst lebende Legende. Sein Handstand auf den höchsten Wolkenkratzern New Yorks hat ebenso Schlagzeilen gemacht wie sein Sprung von einem 47 m hohen Kran ins Hafenbecken, wobei er sich auch prompt einen Wirbel brach. Doch das konnte ihn nach seiner Genesung nicht hindern, ins brodelnde Heckwasser von Ozeanriesen zu hechten, an Hochhausfassaden emporzuklettern oder von Hubschraubern auf fahrende Züge zu springen. Ein Teufelskerl – aber auch einer, der immer Appetit hat. »Es darf gut, kräftig und reichlich sein«, ist seine Devise. So kommt er regelmäßig ins Fischereihafen-Restaurant. Er hat's nicht weit. Sein Wedeler Landhaus liegt auch an der Elbe. Da er sich selbst beim Essen nur selten von seinem leuchtendroten Schal trennt, erkennt man ihn schon von weitem. Unter zehn Minuten Speisekarten-Studium macht er es nie. Um dann schließlich – wie immer – Seezunge nach Müllerin Art zu bestellen. Er sagt: »Die Ober kennen das Zeremoniell schon. Obwohl sie wissen, was ich esse, bringen sie mir jedesmal die Speisekarte und fragen höflich, was es denn diesmal sein dürfe. Sie machen das Spielchen gern mit.«

Arnim Dahl

Nordsee-Seezunge »Müllerin Art«

Die Seezunge wird in der Nordsee, im Skagerrak und im Kattegat gefangen. Die Hauptfangzeiten liegen zwischen Mitte April bis Juli und Oktober bis Dezember.

Zutaten für 4 Personen:
4 Seezungen à 600 g brutto
3 Zitronen
100 g Butterschmelz
150 g Butter
250 g Mehl
1 Bund Petersilie

Zubereitung:

Die Seezungen abgezogen (küchenfertig) kaufen. Sie werden mit Zitronensaft mariniert, gesalzen und in Mehl gewendet, gut abgeklopft und in Butterschmelz in einer großen Pfanne bei nicht zu starker Hitze goldgelb gebraten.
Die Bratzeit beträgt 10 bis 15 Minuten.
Die fertig gebratenen Seezungen werden auf einer Platte oder auf Tellern angerichtet, mit geschälten Zitronenscheiben belegt und mit gehackter Petersilie bestreut.
Kurz vor dem Servieren schäumende Butter über die Seezungen gießen.
Als Beilage servieren wir einen bunten Salatteller und Petersilienkartoffeln.

Weinempfehlung:

Saar Riesling, trocken

Walther Leisler Kiep

Nordsee-Steinbutt gekocht mit zerlassener Butter und Rahmmeerrettich

Der Steinbutt wird hauptsächlich in der Nordsee gefangen, da er in der Ostsee selten über 50 cm groß wird. Die Fangzeit ist ganzjährig, hauptsächlich zwischen April und Juli.

Zutaten für 4 Personen:
1600 g Steinbutt (Mittelstück)
1 Zwiebel
1 Zitrone
1 Stange Lauch
1 TL Pfefferkörner
2 EL geriebener Meerrettich
6 EL geschlagene Sahne
4 l Wasser
1 Prise Zucker, Salz

Livrierte und Bordsteinschwalben

Zubereitung:
Den Steinbutt in 4 Stücke à 400 g schneiden. 4 l Wasser in einen großen Topf geben. Mit Salz, Zwiebel, Lauch und den zerdrückten Pfefferkörnern einen Sud kochen.
Den Steinbutt in diesem Sud 20 bis 25 Minuten auf kleiner Flamme sieden, nicht kochen.

Rahmmeerrettich:
Die geschlagene Sahne mit dem geriebenen Meerrettich vermengen. Mit Zitronensaft, Salz und einer Prise Zucker abschmecken.

Den Steinbutt auf einer Platte anrichten. Mit Petersiliensträußchen garnieren und mit zerlassener Butter, Rahmmeerrettich, gehackter Petersilie und Butterkartoffeln servieren.

Weinempfehlung:
Saar Riesling, trocken

Ein paar Dutzend dunkle Limousinen fahren vor. Die livrierten Chauffeure reißen den Schlag auf. Den schweren Wagen entsteigen Deutschlands Geldadel, Hamburgs High Society und die Großen der Wirtschaft. Walther Leisler Kiep hat 150 Freunde und Bekannte zu einem Essen geladen. Inmitten dieser hochkarätigen Gesellschaft auch Ann-Mari Fürstin v. Bismarck. Die Grande dame des deutschen Adels steigt aus, bleibt einen Moment stehen – dann huscht ein Lächeln über ihr Gesicht. Die Szenerie des Nachtlebens im Hamburger Fischereihafen ist ihr natürlich nicht entgangen. Denn nur 100 Meter weiter, am international bekannten ›Autostrich‹, stehen ›Bordsteinschwalben‹ in Miederhöschen und Strapsen. Ihnen gegenüber die Crew der Livrierten, die bei ihren Wagen ausharren, bis das Essen mit Walther Leisler Kiep beendet ist. Ein Bild des krassen Gegensatzes. Aber Hamburg hat eben viele Gesichter. Leben und leben lassen. Die Stimmung im Restaurant ist großartig. Auch beim Gastgeber Walther Leisler Kiep, der im Kampf um den Sessel des Ersten Bürgermeisters der Freien und Hansestadt Hamburg gegen Klaus von Dohnanyi angetreten – und unterlegen ist. Das Abschiedsessen: Matjes-Tartar mit Möweneiern, Nordsee-Steinbutt und Rote Grütze.

Der Mann im Sulky

*Hans Frömming, liebevoll ›Hänschen‹ ge-
nannt, ist ein Genie im Sulky. Mit rund
5600 Siegen hält er sich auch heute noch
in der Weltspitze. Neidlos wird der 1,60
Meter kleine Meisterfahrer als der Größte
anerkannt. »Ich kann mich nicht erin-
nern, in meinem Leben einmal nichts mit
Pferden zu tun gehabt zu haben«, sagt er.
Weil sein Großvater in Berlin ein Spedi-
tionsgeschäft hatte, durfte er schon mit
sieben Jahren die Pferdeleine in die Hand
nehmen. Und dabei ist es dann geblieben,
auch wenn er inzwischen etwas kürzer-
tritt. »Es gab Zeiten, da holte ich beispielsweise im trabrennbegeisterten Italien bei 210 Starts 132 Siege.« Dreimal
gewann er den Prix d'Amérique in Paris,
das bedeutendste Trabrennen der Welt.
Hänschen Frömming ist ein Erfolgsmensch, aber er ist auch ein Ästhet. Seine
Wohnung mit Blick über die Außenalster
zeugt vom Lebensstil ihres Besitzers. Möbel zwischen klassischem England und
heiterem Italien. »Ich brauche sie zu meinem Wohlbefinden. Wenn ich mich von
dieser häuslichen Gemütlichkeit trenne,
dann muß es schon etwas Besonderes, etwas Genußvolles sein. Zum Beispiel ein
gutes Restaurant. Wo mir zwar nicht mein
Leibgericht Hammelfleisch mit grünen
Bohnen serviert wird, sondern wo mich
der Chef des Hauses mit lukullischen Spe-
zialitäten überrascht...«*

Hans Frömming

Taubenbrüstchen mit Hummermedaillons

Zutaten für 4 Personen:

2 Bressetauben
1 Hummer von 500–600 g
2 cl Cognac
2 EL Crème fraîche
2 EL geschlagene Sahne, ½ l Geflügelbrühe
80 g Butter, 1 Zitrone, 1 TL zerdrückte Pfefferkörner
1 TL Wacholderbeeren, 1 TL Hummerbutter
1 mittelgroße Zwiebel, 50 g Sellerie,
50 g Wurzeln, 50 g Butterschmelz, Salz

Zubereitung:

Von den Tauben die Brüstchen auslösen und zur Seite stellen.
Die Taubenstelzen und Brustknochen kleinhacken und zusammen mit
den kleingeschnittenen Zwiebeln, Wurzeln und Sellerie anrösten, mit
Cognac flambieren und mit der Geflügelbrühe auffüllen. Die Gewür-
ze, zerdrückte Pfefferkörner, Wacholderbeeren und Salz hinzugeben
und 15–20 Minuten kochen.
Dann diesen Saucenansatz durch ein Haarsieb gießen und auf die
Hälfte einkochen. Hummerbutter und Crème fraîche dazugeben und
nochmals aufkochen. Mit geschlagener Sahne und kalter Butter bin-
den, mit Salz, Pfeffer und Zitronensaft sowie Cognac abschmecken.
Den gekochten Hummer aus dem Panzer schlagen und portionieren.
Pro Person eine Hummerschere oder einen halben Hummerschwanz
nehmen.
Die Taubenbrüstchen in geklärter Butter langsam rosa braten, pro
Peson eine Brust und zusammen mit Gemüse der Jahreszeit auf Tellern
anrichten.

Weinempfehlung:
Weißer Puligny Montrachet

Nach dem Konzert komponieren die Köche

Es ist sicherlich selten, daß Speisekarten von 1925 und 1981 identisch sind. Eine Novität also, die dem weltbekannten Dirigenten Sir George Solti und seinem Chicago Symphony Orchestra nach einem Konzert in der Hamburger Musikhalle mit Werken u. a. von Richard Strauss durch Rüdiger Kowalke widerfährt. Allerdings animiert der Name Richard Strauss aber auch zu einer musikalisch-kulinarischen Soirée. Denn was er einst im Pariser Feinschmecker-Restaurant ›Prunier‹ speiste, läßt noch immer jedem Gourmet das Wasser im Mund zusammenlaufen. Also: Im Fischereihafen-Restaurant sagt man sich, warum soll Sir George Solti nicht einmal mit dem Lieblingsmenü von Richard Strauss überrascht werden, wenn er dessen Werke so überzeugend interpretiert? Mit Tartar von rohem Lachs und Jacobsmuscheln, geeister Gurkencreme mit Kaviar, Steinbuttfilet à la Prunier anno 1925, mit Basilikumschöpfrahm und frischen Gartenkräutern im Ofen überbakken, mit Crêpes Jarnac und einem Tupfer Schlagobers, 1979er Château La Berrière, Mocca und Cognac Hine ›Antique‹. Das Essen wird ein Riesenerfolg. Sir George Solti ist gerührt. Und mit ihm freuen sich der Hamburger Bürgermeister Klaus von Dohnanyi und sein Bruder Christoph von Dohnanyi.

George Solti

Steinbuttfilet mit frischen Kräutern überbacken

Der Steinbutt wird hauptsächlich in der Nordsee gefangen, und zwar ganzjährig. Die Hauptfangzeit liegt allerdings zwischen April und Juli.

Zutaten für 4 Personen:

800 g Steinbuttfilet	1 EL Dijon-Senf
3 Tomaten	½ l Fischbrühe
100 g Champignons	1 Zitrone
200 g Butter	2 mittelgroße Zwiebeln
80 g Semmelbrösel	1 Bund Kerbel, Minze, Petersilie,
⅛ l weißer Burgunder	Basilikum, Schnittlauch
2 EL geschlagene Sahne	1 cl Noilly Prat
1 EL Crème fraîche	Salz, Pfeffer
1 zerdrückte Knoblauchzehe	120 g Eismeershrimps

Zubereitung:

Die Steinbuttfilets in 4 Portionen à 200 g schneiden, mit Salz, Pfeffer und Zitronensaft würzen und leicht mit Senf bestreichen.

In einen gebutterten flachen Topf die in feine Würfel geschnittenen Zwiebeln geben, glasig anschwitzen und die Steinbuttfilets einordnen. Mit der Fischbrühe, dem weißen Burgunder und einem Schuß Noilly Prat auffüllen, 10 bis 12 Minuten langsam auf den Punkt garen.

Die geschälten, entkernten Tomaten zusammen mit den in Scheiben geschnittenen Champignons und Eismeershrimps in Butter anschwitzen und mit Salz, Pfeffer und der zerdrückten Knoblauchzehe würzen. ¼ l Steinbuttsud abnehmen, durch ein Haarsieb gießen und etwas einkochen. 1 EL Crème fraîche dazugeben, einmal aufkochen, mit der geschlagenen Sahne und 60 g kalter Butter binden.

Mit Salz, Pfeffer und etwas Zitronensaft abschmecken. Die feingeschnittenen Kräuter in die Sauce geben.

Semmelbrösel mit etwa 60 g Butter (flüssig) und den restlichen feingeschnittenen Kräutern vermengen.

Die Steinbuttfilets in einer feuerfesten Cocotte auf Blattspinat setzen, mit der Semmelbrösel-Kräutermischung bestreuen und im Ofen oder Salamander überbacken.

Mit der Kräutersauce umgießen und mit Butterkartoffeln oder Kartoffelpüree servieren.

Weinempfehlung:

Chablis

Halbstark mit Weltruhm

Er geht immer noch für zehn bis fünfzehn Jahre jünger durch. Horst Buchholz hat sich das ›Halbstarken‹-Image konservieren können, auch wenn er über die 50 längst hinaus ist. Nur ganz wenigen deutschen Schauspielern gelang es, in der Welt bekannt zu werden. ›Hotte‹ Buchholz, der Schusterjunge aus Berlin-Neukölln, kann das für sich in Anspruch nehmen. Wer hat schon in 54 internationalen Filmen die Hauptrolle gespielt? Von Käutners ›Himmel ohne Sterne‹ (1955), von den ›Halbstarken‹ (1956) bis hin zu dem Hollywood-Streifen ›Die glorreichen Sieben‹, in dem er neben Yul Brynner brillierte. Selbst die Kritik ist sich einig: Es gibt keinen besseren ›Felix Krull‹ als Horst Buchholz. Das Pech aber überraschte auch ihn. Zwar nicht in Hollywood, sondern in Deutschland. Wer so wenig von Astrologie versteht, wie der ›stern‹ von den Tagebüchern Hitlers, hätte vielleicht lieber die Finger von der Fernseh-›Astro-Show‹ mit Elizabeth Teissier lassen sollen. Nun, diese Karrierepanne ist längst überwunden. Inzwischen plant er, an Berlins Staatstheatern als Gast zu spielen. Seine beiden Kinder Beatrice (22) und Christopher (23) wollen übrigens in seine Fußstapfen treten. Horst Buchholz, der mit seiner Frau Miriam Bru in Paris lebt, läßt sie die berühmteste Schauspielschule Amerikas, das Strasberg-Studio, besuchen.

Horst Buchholz

Krebsschwänze in Dill-Buttersauce

Die Krebse sind Bewohner der Uferzonen stehender und fließender Gewässer mit klarem sauerstoffreichem Wasser. Die Fangzeit liegt zwischen dem 1. Juni und Ende Dezember.

Zutaten für 4 Personen:
32 große Krebse
100 g Butter
2 EL Crème fraîche
2 EL geschlagene Sahne
2 EL Dillspitzen
2 cl Cognac
1 TL Paprikapulver
¼ l Weißwein, 2 EL Butterschmelz
Kümmel, Pfeffer, Salz

Zubereitung:
Die Krebse unter fließendem Wasser mit der Bürste reinigen. Einen großen Topf mit Wasser, Salz, Kümmel, etwas Sellerie und Dillstengel zum Kochen bringen. Die Krebse in das sprudelnde Wasser geben, mit einem Deckel fest zudecken und 5 Minuten kochen lassen. Die roten, noch nicht garen Krebse herausnehmen und den Darm entfernen.
Sie anschließend im Sud nochmals 8–10 Minuten garen, herausnehmen und die Krebsschwänze ausbrechen.
Die Krebsschalen zerkleinern und in einem flachen Topf in Butterschmelz anrösten. Mit Cognac flambieren und mit Weißwein ablöschen.
Etwas Krebssud dazugeben, so daß die Schalen bedeckt sind. Mit Salz, Paprikapulver und Pfeffer würzen.
20 Minuten kochen und anschließend durch ein Haarsieb passieren. Diesen Fond auf die Hälfte einkochen, Crème fraîche und geschlagene Sahne dazugeben und mit kalter Butter binden. Nochmals nachschmecken, Dillspitzen und Krebsschwänze hinzufügen.
Kurz erhitzen und servieren.

Weinempfehlung:
Rheingauer Riesling, halbtrocken

Rudolf Schock

Gebratene grüne Ostseeheringe mit Zwiebel-Tomaten-Butter, Dillkartoffeln

Die Heringe werden ganzjährig in der Ostsee, Nordsee sowie im Nordatlantik gefangen. Die Hauptfangzeit liegt zwischen Mai und Ende September.

Zutaten für 4 Personen:
12 grüne Heringe ohne Kopf
100 g Butter
100 g Butterschmelz
4 Tomaten
1 große Zwiebel
250 g Mehl, Salz und Pfeffer

Zubereitung:
Die geputzten und gewaschenen Heringe gut abtrocknen, mit Salz und Pfeffer würzen, in Mehl wenden und in der Pfanne in Butterschmelz braten.
Die Tomaten schälen, entkernen, zusammen mit der großen Zwiebel in kleine Würfel schneiden.
Die Heringe aus der Pfanne nehmen, den verbrauchten Butterschmelz herausgießen.
Die Butter in die Pfanne geben und zusammen mit den Zwiebeln und Tomatenwürfeln anbraten.
Die Heringe wieder in die Pfanne geben und im Ofen oder unter dem Salamander nochmals schön kroß werden lassen.
Sofort servieren.

Beilage: Dillkartoffeln.

Getränkeempfehlung:
Bier

Erst wandern, dann essen

Wer ein richtiger Wanderer ist – und wer möchte bei Kammersänger Rudolf Schock daran zweifeln –, fährt nicht einfach mit dem Taxi vor. Nein, er ›erwandert‹ sich seinen Appetit. Schließlich hat Hamburg einen wunderschönen Elbwanderweg. Kilometerlang, also genau richtig für ihn. »Körperliche Anstrengungen haben mir noch nie etwas ausgemacht. Waren es früher Skifahren, Reiten und Tennis, so ist es jetzt mehr und mehr das Wandern.« Singen verlangt Kondition. Und er, der die heiligsten Hallen der Opernwelt zum Jubeln brachte, ist sicher, daß er die großen Opernpartien in ›Zauberflöte‹, ›Don Giovanni‹, ›Rigoletto‹, ›Aida‹, ›La Traviata‹ oder ›Madame Butterfly‹ in London, Wien, Hamburg oder Bayreuth nicht hätte so gut durchstehen können, wenn er sportlich nicht aktiv gewesen wäre. Er war immer stark genug, die gefährlichen Klippen seiner ungewöhnlichen Karriere zu umschiffen. Und so ist er bis heute ein Zugpferd geblieben. Besonders fürs Fernsehen. Um TV-Aufnahmen zu machen, ist er auch nach Hamburg gekommen. Das Fischereihafen-Restaurant kennt er schon aus den sechziger Jahren. Er kommt gern. »Weil nicht nur die Zunge etwas Besonderes geboten bekommt, sondern auch das Auge. Wer schaut nicht gern den Schiffen nach und träumt ein bißchen von der weiten Welt...?«

Der Kanzler bleibt eisern: Schellfisch

Wer im Fischereihafen-Restaurant auf Nummer Sicher gehen will, läßt einen Tisch reservieren. Denn nur selten sind noch Plätze frei. Einer indessen darf sich nie vorher anmelden: Bundeskanzler Helmut Kohl. Sicherheitsvorschriften verbieten ihm, seinen Appetit avisieren zu lassen. Und so fahren denn jedesmal völlig überraschend zwei schwarze Limousinen mit seinen Leibwächtern vor. Die eine Crew bleibt draußen und beobachtet das Haus. Die anderen Beamten verteilen sich im Restaurant und nehmen – bei einem Kännchen Kaffee – alles diskret ›unter die Lupe‹. Zwar ist es für Rüdiger Kowalke nicht ganz einfach, in einem vollbesetzten Lokal einen günstigen Tisch freizumachen oder dazuzustellen. Aber bisher ist es ihm noch immer gelungen. Sobald die Sicherheitsbeamten an den Nebentischen ihre Beobachterpositionen bezogen haben, kommt der Kanzler. Er ist, was das Essen angeht, ein eiserner Kanzler, der ganz genau weiß, was er will. Und so bestellt er jedesmal frische Büsumer Krabben naturell, Schellfisch mit Senfsoße und Hamburger Rote Grütze mit Bourbon-Vanille. Beim Essen fällt jede Hektik von ihm ab. Daß er dabei nur ungern in Kameras lächelt oder Autogramme gibt – wer möchte es einem Bundeskanzler verübeln?

Helmut Kohl

Schellfisch mit Senfsauce

Der Schellfisch wird hauptsächlich im Nordatlantik, in der Nordsee und in der isländischen See gefangen. Er ist ganzjährig lieferbar, die Hauptfangzeit liegt zwischen April und Juli.

Zutaten für 4 Personen:
2 kg Schellfisch
1 Zwiebel mit 2 Nelken
2 Lorbeerblätter, Pfefferkörner
1 Stange Lauch, ¼ Knolle Sellerie
1 Bd. Petersilie, ½ l Milch, 1 EL Crème fraîche
80 g mittelscharfer Senf, 80 g Butter
0,2 l Sahne, 1 EL gehackte Petersilie
Salz, Pfeffer, etwas Zucker

Zubereitung:
Den Schellfisch gleich beim Einkauf schuppen, ausnehmen und die Köpfe abschneiden sowie in 4 Portionen teilen lassen.
3 l Wasser mit den gewaschenen Fischköpfen, dem geputzten, kleingeschnittenen Gemüse sowie der gespickten Zwiebel und den Gewürzen 20 Minuten leicht kochen. Durch ein Sieb gießen, mit der Milch vermischen, mit Salz und Pfeffer abschmecken.
Den Fisch in diesem Milch-Fischsud etwa 20 Minuten garen (nicht kochen), herausnehmen und warmstellen.
½ l Sud abnehmen, nochmals durch ein Sieb geben und etwas einkochen. Mit Crème fraîche und Senf vermischen, einmal kurz aufkochen und unter ständigem Rühren die kalte, in Flöckchen zerteilte Butter und die Sahne unter die Sauce schlagen, so daß eine glatte Bindung entsteht.
Den Fisch auf einer Platte anrichten und mit gehackter Petersilie bestreuen.
Die Senfsauce getrennt dazu reichen.

Als Beilage empfehlen wir Salzkartoffeln und Salat.

Bundeskanzler Helmut Kohl bevorzugt den Schellfisch filiert zubereitet.

Weinempfehlung:
Pfälzer Sylvaner, trocken

Selbst Gott ist ein Fischfan

Er liebt die Musik – und das leibliche Wohl. Karel Gott ist ein Feinschmecker mit einer besonders verwöhnten Zunge. Unter den Konzertstädten der Welt nimmt Hamburg – neben Prag – eine Favoritenstellung bei ihm ein. »Hier fing meine Karriere in der Bundesrepublik an, hier leben viele meiner Fans, hier fühle ich mich fast schon zu Hause«, sagt der Sänger von der Moldau. Und so genießt er denn auch gern den Blick auf Hafen, Schiffe und Möwen. Der Traum von der weiten Welt – auch Karel Gott hat ihn früher einmal geträumt. Ein skeptischer Gourmet bestellt nicht einfach drauflos. Karel Gott ist einer. Was Essen für ihn bedeute? »Entspannung, Zusammensein mit Freunden, innere Fröhlichkeit«, sagt er. Als ›Skeptiker‹ bestellt er bei seinem ersten Besuch im Fischereihafen-Restaurant vorsichtshalber Steak und Zwetschgenknödel – Rüdiger Kowalke traut seinen Ohren nicht. Ob er es nicht mal mit Fisch versuchen wolle? Karel Gott zögert. Aber schließlich läßt er sich doch überreden. Zu einem kleinen Fischmenü, das der Chef des Hauses ihm zusammenstellt. Karel Gott läßt den Norweger-Lachs mit Minzsoße auf der Zunge zergehen. Dann strahlt er: »Sie haben mich hundertprozentig überzeugt. Die Zwetschgenknödel hebe ich mir für Prag auf...« Die Musikbranche hat einen Fischfan mehr...

Karel Gott

Norwegischer Lachs im Blätterteig mit Minzsauce

Die von uns bevorzugten Lachse werden in den Fjorden Norwegens gezüchtet und sind ganzjährig lieferbar.

Zutaten für 4 Personen:
800 g Lachsfilet
¼ l Fischfond, ⅛ l Weißwein
¼ l flüssige Sahne, 3 EL geschlagene Sahne
2 EL Crème fraîche
80 g Butter, 2 Sträußchen Minze
500 g Blätterteig

Zubereitung:
Aus 200 g Lachsfilet und einem viertel Liter flüssiger Sahne, Salz, etwas Pernod im Mixer eine Lachsfarce herstellen. Durch ein Haarsieb streichen und mit 2 EL geschlagener Sahne auf Eis montieren (einarbeiten). Das restliche Lachsfilet salzen und mit der Lachsfarce in Blätterteig einschlagen.
Bei 200–220 Grad im Ofen goldgelb backen.
¼ l Fischfond und ⅛ l Weißwein sirupartig einkochen, Crème fraîche, geschlagene Sahne und die im Mixer feinpürierte Minze dazugeben. Mit kalter Butter binden und mit Salz und Zitronensaft abschmecken. Den Lachs in Scheiben schneiden und mit der Sauce auf Tellern anrichten.

Weinempfehlung:
Sancerre (Loire)

Das Schauspiel auf dem Wasser

Er ist noch immer kernig, kraftstrotzend – als würde ihn nichts umhauen können. Ein Charakterschelm, ein Haudegen. Nichts erinnert mehr an den halbverhungerten Spätheimkehrer ›Otto Normalverbraucher‹ (seine erste Filmrolle in ›Berliner Ballade‹, 1948), dem man durch die Wangen pusten konnte. Gert Fröbe, der die Rolle eines barocken Kurfürsten von Sachsen ebenso überzeugend ausfüllte wie die des ›Goldfinger‹, sitzt am VIP-Tisch. Dort sitzt er immer. Es ist sein Stammplatz. Er möchte auf die Elbe blikken können, die Schlepper, Kräne und Schiffe sehen. An diesem Tag legt er ganz besonderen Wert auf seinen Stammplatz. Die ›Norway‹, größter Luxusliner der Welt, ist auf der Werft wieder auf Hochglanz gebracht worden. Nun soll der Riese auslaufen. Das Restaurant ist brechend voll. Eigentlich soll die ›Norway‹ um 18.45 Uhr vorbeikommen. Doch sie verspätet sich – um zwei Stunden. Das Essen zieht sich in die Länge. Dann ist es soweit. Typhone brüllen auf. Rund um das Schiff die Boote der Feuerwehr, die ihre Wasserfontänen in den Himmel jagen. Dazu die vielen Scheinwerfer – wie in einem Kitschfilm. Gert Fröbe kann sich nicht sattsehen. Auch er habe früher einmal von der Seefahrt geträumt, sagt er. Aber das Theater sei schließlich stärker gewesen.

Gert Fröbe

Holsteiner Aal grün in Dillrahm

Die Aale wandern von ihren Meereslaichplätzen in die Binnengewässer, man bekommt sie ganzjährig.

Zutaten für 4 Personen:

1200 g abgezogene Aale
3 Sträußchen Dill
80 g Butter
2 EL Crème fraîche
2 EL geschlagene Sahne
1 Wurzel, 1 Stange Lauch
1 St. Sellerie, 1 große Zwiebel
Lorbeer, Nelke
1 TL zerdrückte Pfefferkörner,
2 l Wasser, 1 Zitrone, Salz

Zubereitung:

Die geputzten, gewaschenen Aale in 5 cm lange Stücke schneiden.
Aus 3 l Wasser, einer gespickten Zwiebel, Wurzel, Sellerie, Lauch, zerdrückten Pfefferkörnern und Salz einen Sud bereiten. In diesem Sud die Aalstücke 20 Minuten auf kleiner Flamme garziehen lassen.
½ l Fischsud abnehmen, durch ein Haarsieb gießen und einkochen.
Die Crème fraîche, geschlagene Sahne dazugeben, einmal aufkochen, mit kalten Butterflocken binden und mit Zitronensaft, Salz und Pfeffer abschmecken. Zum Schluß die feingeschnittenen Dillspitzen dazugeben.
Die Aalstücke in einer feuerfesten Form anrichten und mit der Dillsauce übergießen.
Mit Gemüsestreifen garnieren und mit Butterkartoffeln und Gurkensalat servieren.

Weinempfehlung:
Franken Sylvaner, halbtrocken

Foto vorangegangene Doppelseite

Milva

Seezungenröllchen in Weißwein

Die Seezunge wird in der Nordsee, im Skagerrak und im Kattegat gefangen. Die Hauptfangzeiten liegen zwischen Mitte April und Juli sowie zwischen Oktober und Dezember.

Zutaten für 4 Personen:
12 Stck. Seezungenfilets
½ l Fischbrühe
⅛ l weißer Burgunderwein
100 g Butter
2 EL Crème fraîche
2 EL geschlagene Sahne
2 Schalotten
1 Zitrone, Salz, weißer Pfeffer

In Hamburg wird gesündigt

Zubereitung:
Die Seezungenfilets leicht plattieren und mit der Außenseite nach innen einrollen.
Die feingeschnittenen Schalottenwürfel in etwas Butter im flachen Topf anschwitzen und die Seezungenröllchen einordnen. Mit Fischbrühe und Weißwein auffüllen, mit Salz und Pfeffer würzen und 10 bis 15 Minuten langsam ziehen lassen.
½ l Fond abnehmen und durch ein Haarsieb gießen, nochmals auf die Hälfte einkochen, die Crème fraîche dazugeben und mit kalter Butter und der geschlagenen Sahne binden. Mit Zitronensaft, Salz und Pfeffer abschmecken.
Die Seezungenröllchen in einer feuerfesten Form anrichten und mit der Sauce übergießen.

Als Beilage servieren wir Risotto.

Tip: Die eingeordneten Seezungenröllchen mit Butterpapier und mit einem Deckel bedecken. So können sie gleichmäßiger garen.

Weinempfehlung:
Chablis

Zeitung lesen ist manchmal ganz wichtig. Jedenfalls hat Rüdiger Kowalke diese Erfahrung gemacht. Also: Milva, die Italienerin mit dem feuerroten Haar und der gepfefferten Stimme, macht in Hamburg einen Besuch. Sie wird von der ›Bild‹-Zeitung interviewt. Über Karriere, Musik und Privatleben. Und dabei erzählt sie, was ihr in und an Hamburg so gefällt. Zum Beispiel mag sie die Alster, den hanseatischen Renommiersee mitten in der Stadt. Und Jil Sander, wo sie gelegentlich ihre Garderobe kauft. Natürlich ist sie auch gern in den Konzertsälen der Stadt, wo sie bereits triumphale Erfolge feiern konnte. Sonst noch etwas? Milva sprudelt es spontan heraus: »Eine Besonderheit in Hamburg sind die Seezungenröllchen im Fischereihafen-Restaurant.« Peng. Der Interviewer grinst. Eine neue Hamburg-Attraktion? Milva nickt. »Ich esse nun mal gern und gut. Wenn ich in meinem Haus auf Sardinien Urlaub mache, steht Fisch sehr häufig auf meinem Speisezettel. Leider kann ich es mir kaum leisten, richtig zu schlemmen. Wer auf der Bühne oder vor der Fernsehkamera steht, muß auf die Figur achten. Aber in Hamburg – da sündige ich schon mal. Und wenn mir diese Seezungen-Röllchen vorgesetzt werden, dann vergesse ich mich. Wir Italiener sind ja bekannt dafür, daß wir für den Gaumen etwas übrighaben.«

V.
Desserts

Der Tip kam aus München

Waschechter als Carlo von Tiedemann kann ein Hamburger gar nicht werden, selbst wenn er aus Pommern stammt. 300 »Aktuelle Schaubuden« (beliebteste Regionalshow in Norddeutschland) und 1600 Rundfunksendungen prägten sein hanseatisches Image. Sogar ein bißchen Platt kann er sprechen. Ein handfester »Kuddel von der Elbe«, wie seine Freunde ihn nennen. Immerhin war er es, der entscheidend dazu beitrug, den ssstocksssteifen Ton beim »Norddeutschen Rundfunk« aufzuweichen. Als gelernter Journalist holte er sich hochkarätige Politiker und Künstler vors Mikrophon und entwickelte die Form eines wenig respektvollen Interviews. Frisch, fröhlich, frei von der Leber weg – einem Carlo von Tiedemann nimmt man es nicht übel. Kein Wunder, daß das ZDF ihn abwarb und ihm 1984 »Show & Co. mit Carlo« gab. Doch so sehr die Mainzer sich um ihn bemühen, »im Herzen bin ich Hamburger«, sagt er. Eins allerdings kann er immer noch nicht begreifen. Nämlich, daß Hans-Hermann Tiedje aus München, geschäftsführender Redakteur der »Bunten« und rechte Hand von Dr. Burda, kommen mußte, um ihn – den Hamburger – ins Fischereihafen-Restaurant einzuführen. »Aber dafür bin ich nun auch Stammgast«, schwört er – und hofft, sich eines Tages in München revanchieren zu können.

Carlo von Tiedemann

Dessert-Naschereien

Pistazieneis, Himbeersorbet, Früchte der Jahreszeit, Mousse au Chocolat, Windbeutel mit Vanillecreme, Tannenhonig-Parfait, Schoco-Banane, Himbeermark, Mangomark, Brombeermark

Mousse au Chocolat

Zutaten für 4 Personen:
80 g Schokolade
5 Eigelb
80 g Zucker
½ l geschlagene Sahne
1 Schuß Mokkalikör

Zubereitung:
Die Schokolade im Wasserbad auflösen.
Mokkalikör dazugeben. Zucker und Eigelb warm und kalt aufschlagen. Die dickflüssige Schokolade, die nicht über 40 Grad erwärmt werden darf, da sie sich sonst zersetzt, zu den geschlagenen Eigelben geben und gut verrühren. Zum Schluß die geschlagene Sahne unterheben. In eine Schüssel abfüllen und mit Klarsichtfolie bedeckt einige Stunden im Kühlschrank fest werden lassen.

Himbeersorbet

Zutaten für 4 Personen:
250 g Himbeeren, Saft von ½ Zitrone
90 g Zucker, ein Schuß Himbeergeist
⅛ l Champagner

Zubereitung:
Himbeeren waschen, im Mixer pürieren. Durch ein Haarsieb streichen, mit den Zutaten vermischen und in der Sorbetiere gefrieren lassen.

Tannenhonig-Parfait

Zutaten für 4 Personen:
3 Eigelb, 1 Vollei
125 g Tannenhonig, 500 g geschlagene Sahne

Zubereitung:
Die Eigelbe und das Vollei mit dem Honig warm und kalt aufschlagen.
Die geschlagene Sahne unterheben, in Förmchen abfüllen und im
Eisfach gefrieren.

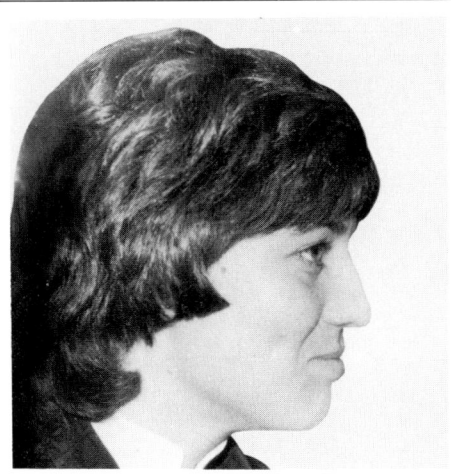

Die Skistars an der Elbe

Rosi Mittermaier und Christian Neureu-
ther – freundlich und fröhlich wie immer.
»Als ob plötzlich die Sonne scheint«, sagt
ein Ober. Herzlichkeit springt schnell
über. Die beiden sind viel unterwegs. Wer-
beaufnahmen, Titelfotos – wer prominent
ist, muß leiden. »Aber das ist nichts gegen
früher, in unserer aktiven Zeit. Da lebten
wir aus dem Koffer«, sagt Rosi Mittermai-
er. Das würden sie heute nicht mehr wol-
len. Schließlich haben sie jetzt Familie.
Töchterchen Amelie und Sohn Felix spie-
len die Hauptrollen. Dahinter muß alles
zurücktreten. Ob die Kinder ihr Leben
verändert haben? »Ja, ich bin bodenstän-
diger geworden. Kinder führen einen zu-
rück zum Normalen. Man sieht wieder
kleine Dinge, eine Blume, einen Käfer, all
das, an dem man im Streß vorbeischaut.
Und man muß sich stärker im Griff ha-
ben. Darf nicht aus Bequemlichkeit dem
Kind etwas zugestehen, weil ja sagen oft
viel einfacher ist als ein Nein«, gesteht sie
einer Reporterin. Auch diesmal nutzen sie
das Mittagessen, um sich zu entspannen.
Der Blick auf die Elbe, wo bullige Schlep-
per riesige Frachter bugsieren, hilft ihnen
dabei. Für die beiden Skistars, die in den
Bergen zu Hause sind, ist der Hamburger
Hafen eine Attraktion.

Rosi Mittermaier

Minzparfait mit Früchten der Jahreszeit

Zutaten für 4 Personen:
6 Eigelb
50 g Zucker
¼ l geschlagene Sahne
1 EL feingehackte Minzblätter
6 cl Pfefferminzlikör
je ⅛ l Schoco- und Vanillesauce
1 Kiwi
1 Orange
1 Mango
1 Apfel
8 Erdbeeren

Zubereitung:
Die Eigelbe mit dem Zucker und dem Minzlikör in einer Chromagan-
schüssel im Wasserbad warm aufschlagen. Die Eimasse vorsichtig auf
Eis kaltschlagen und die Minze dazugeben.
Die geschlagene Sahne mit dem Holzlöffel langsam unter die Masse
ziehen.
In gekühlte Moccatassen füllen oder in Bisquit einschlagen.
Im Eisfach einige Stunden gefrieren lassen. Auf Teller mit Vanille- und
Schocosauce anrichten und mit den Früchten umkränzen.

Getränkeempfehlung:
Champagner, halbtrocken

Nur keinen Senkrechtstart

*Er könnte ein Lufthansa-Abonnement ha-
ben. Die Linie Köln–Hamburg sieht ihn
oft als Passagier. Max Schautzer ist ständiger Gast in den Fernsehateliers des
Norddeutschen Rundfunks und des ›Studio Hamburg‹. Und ein gerngesehener dazu. Denn der sanfte Österreicher, der sich
mit seiner Frau am Rhein niedergelassen
hat, kennt keine Allüren und ist nie auf-
brausend. So arbeiten sie alle gern mit
ihm. Hat man ja auch nicht allzuoft, daß
einer sagt: »Selbst wenn mich ein Kritiker
in die Mangel nimmt – weshalb soll ich
explodieren? Lieber rede ich mit ihm. Und
dabei finde ich schnell heraus, was er gegen mich hat. In den allermeisten Fällen
gelingt es mir, Aversionen oder Voreinge-
nommenheiten abzubauen.« Als ihn
Friedrich Nowottny einmal fragte, warum
seine Fernsehkarriere so glatt verlaufen
sei, antwortete Max Schautzer: »Ganz
einfach. Weil die Karriere nicht so steil
war. Wenn man ein bißchen die Ballistik
zum Vergleich nimmt: Wer schnell auf-
steigt, der fällt auch schnell herunter. Also lieber flacher – und dann weiterkom-
men. Bloß keinen Senkrechtstart.« Übrigens, in Hamburg wohnt auch seine
›Wunschkonzert‹-Partnerin Dagmar Berg-
hoff. »Wir sind uns sehr sympathisch«, lächelt die ›Tagesschau‹-Lady. »Ohne Sym-
pathie macht die Arbeit keinen Spaß.«
Recht hat sie.*

Max Schautzer

Crêpes mit Rumkirschen und Vanilleschaum überbacken

Zubereitung und Zutaten für 4 Personen:

Crêpes:

30 g Mehl, 1 Prise Salz, 1 Spritzer Rum, 20 g Vanillezucker
2 Eigelb, 2 EL Milch, 2 EL flüssige Sahne
halbe abgeriebene Zitrone

Zubereitung:
Das Mehl in eine Schüssel geben und nacheinander die übrigen Zutaten zu einem hellflüssigen Teig verrühren. Diese Masse in einer Crêpes-
pfanne mit Butter dünn ausbacken.

Rumkirschen:

200 g Rumkirschen mit dem Saft in einen Topf geben, einmal aufkochen und mit Mondamin binden.

Vanilleschaum:

4 Eigelb, 2 Vanillestangen, 2 EL Weißwein, 50 g Zucker, 3 EL geschlagene Sahne.

Die Eigelbe in einer Chromaganschüssel mit Weißwein, Zucker und
Vanillemark warm und kalt schaumig schlagen. Danach die steife
Sahne unterziehen.
Die Crêpes auf Teller legen, mit den Rumkirschen füllen, zusammen-
klappen und mit dem Vanilleschaum im Ofen überbacken.
Mit Walnuß-Eis servieren.

Getränkeempfehlung:
Mocca und 1 Gläschen Kirschwasser

Tina Turner

Rote Grütze mit Himbeergeistvanille

Zutaten für 4 Personen:

150 g Himbeeren
150 g Sauerkirschen
150 g Erdbeeren
100 g rote Johannisbeeren
100 g Blaubeeren
½ l Rotwein, ½ l Wasser
100 g Zucker
1 Zimtstange
½ Orange
35 g Mondamin

Zubereitung:

Alle Früchte in einen Topf geben und mit Zimtstange, Orange, Rotwein, Zucker und Wasser auskochen. Durch ein Haarsieb gießen und etwas einkochen lassen.

Mit Mondamin binden. Die vorher als Einlage abgenommenen Früchte in eine Glasschüssel geben und mit der Grütze auffüllen.

Himbeergeistvanille:

3 Eigelb
50 g Zucker
1 Vanillestange
¼ l Milch
2 cl Himbeergeist

Eigelb mit Zucker im Wasserbad aufschlagen. Milch mit einer aufgeschnittenen, ausgeschabten Vanillestange aufkochen und nach und nach unter Rühren in die Eigelbmasse geben. Durch ein Haarsieb gießen und unter ständigem Rühren zur Rose abziehen. Kaltstellen, mit Himbeergeist vollenden und in einer Sauciere zur Grütze servieren.

Ein Vulkan kommt

Sie lacht darüber, wenn sie »Vorturnerin der Disco-Generation« oder »Königin der Gogo-Girls« genannt wird. Auch daß die ganz Jungen sie inzwischen »Mutter« rufen, versteht sie so, wie es gemeint ist: als Kompliment. Die »First Lady of Rock-Soul« Tina Turner, eine der erotischsten und temperamentvollsten Vertreterinnen des amerikanischen Showgeschäfts, ist alterslos. Ihr Temperament läßt vergessen, daß sie 1938 in Tennessee geboren wurde und anfangs artig und züchtig in einem Gospelchor ihrer Kirche gesungen hat. Ein Talentwettbewerb, aus dem sie als Gewinnerin hervorging, machte sie mutig. Sie geht mit ihrer Schwester nach St. Louis. Dort trifft sie Ike Turner, einen erfolgreichen Bandleader und Komponisten. Sie überzeugt ihn, daß es gut wäre, gemeinsam aufzutreten. 1958 heiraten sie. Seither ist Erfolg ihr ständiger Begleiter. Die Schallplatte »River Deep – Mountain High« ist längst ein Klassiker. Auch »Proud Mary«, »Get Back« und »Honky Tonk Woman« klingen ihren Fans in den Ohren. Seit 1976, dem Bruch mit Ike, tourt Tina, die vierfache Mutter, allein durch die Welt. In Hamburg ist die Kartennachfrage so groß, daß sie zwei Shows geben muß. Und jedesmal, vorher und nachher, kommt sie ins Fischereihafen-Restaurant. »In angenehmer Atmosphäre speisen beruhigt mich«, sagt sie.

Rund um den Fisch

Erik Verg: Vom Fischmarkt und vom Fischereihafen

Erik Verg – Journalist in Hamburg und Autor vieler Bücher

Rein zufällig kommt niemand hierher. Tagsüber ist der »Fischmarkt Hamburg-Altona« ein nüchterner Arbeitsplatz und nachts erst recht. Die Große Elbstraße ist nicht das, was man in Hamburg eine »gute Adresse« nennt. Doch das ändert sich, wenn man die Hausnummer 143 mit dem Namen »Fischereihafen Restaurant« in Verbindung bringt. Diese Adresse ist so gut, daß man sie auch in Bonn und Frankfurt, Tokio oder New York kennt. Und wer sie noch nicht kannte, erfährt sie von einem Hamburger Geschäftsfreund oder vom Hotelportier. Da läßt man sich von einem perfekten Service mit den Erzeugnissen einer exquisiten Küche verwöhnen, während vor den Fenstern die großen Schiffe gemächlich vorüberziehen und Barkassen und Hafenfähren flink über das Wasser hasten. Da blickt man auf den Köhlbrand, die Einmündung der Süder- in die Norderelbe mit ihrer majestätischen Brücke, nach rechts über den Container-Terminal Waltershof oder nach links über den Werfthafen zu den Docks von Blohm + Voss.

Die Fenster des Restaurants zeigen alle zum Strom, denn die Reize der Landseite werden vom dichtbewachsenen Geesthang verborgen. Wer Zeit hat, sollte sich nach einem guten Essen ein wenig auf der Landseite »ergehen«. Serpentinenwege führen hinauf zum sogenannten »Altonaer Balkon«, kaum 200 Meter Luftlinie vom Restaurant entfernt. Er heißt so, weil man von hier den weitesten Blick über Strom und Hafen und über die Marschen bis zu den Harburger Bergen hat. Hinter dem Betrachter liegt das Altonaer Rathaus. Nach Osten erstreckt sich die Palmaille, die schönste erhaltene klassizistische Straße Groß-Hamburgs. Nur wenige Schritte nach Westen liegt die barocke Christianskirche mit dem Grab des Dichters Klopstock vor dem Portal und noch ein paar Schritte weiter ein Park mit einem Gartenhaus, in dem Heinrich Heine wohnte, wenn er seinen Onkel, den Bankier Salomon Heine, besuchte. Um zum Fischereihafen-Restaurant zurückzukommen, kann man die Straße Rainville-Terrasse nehmen. Bedeutend ist sie heute nur dadurch, daß an ihr die Seefahrtsschule liegt. Früher einmal war das aber eine gute Adresse, gastronomisch die beste überhaupt.

Der französische Revolutionsemigrant César Claude Rainville hatte sich vom königlich-dänischen Architekten C. F. Hansen (von dem auch die Palmaille stammt) am Elbhang ein Palais und einen Terrassengarten bauen lassen und darin 1799 ein Gartenrestaurant eröffnet, von dem der englische Kunsthistoriker John Strang schrieb: »Natur und Kunst scheinen sich hier

Fischereihafen

vereinigt zu haben, um ein Meisterwerk an Schönheit hervor-
zubringen, und derjenige, der an einem solchen Ort kein Entzücken empfinden kann, muß blind oder ein Tropf sein.« Das
Entzücken rührte jedoch nicht nur von Haus und Garten, wie
wir vom Schriftsteller Johann Heinrich Campe erfahren: »Alle
Gastwirte Europas sollten Wallfahrten zu Rainville anstellen,
um hier in der Wirklichkeit zu sehen, was in ihren eigenen
Gasthöfen nur gewünscht zu werden pflegt.«

Von dieser Gegend hört man zuerst im 13. Jahrhundert. Die
fromme Gräfin Heilwig gründete 1247 beim Dörfchen Herwar-
deshude, wo der Pepermöhlenbek in die Elbe floß, ein Zister-
zienserinnen-Kloster. Häufige Überschwemmungen und
Überfälle von Seeräubern vertrieben die Nonnen. Sie zogen an
die Alster, in eine Gegend, die den Namen Harvestehude übernahm. Von Zeit zu Zeit wiederkehrende Hochwasser gibt es
immer noch, gewisse Spielarten von Seeräubern soll es an der
Elbe auch noch geben, aber statt der frommen Schwestern
lustwandeln heute »Bordsteinschwalben« am Fischmarkt auf
dem »Autostrich« und bieten schnelle Liebe statt stiller Medi-
tation.

Lange Zeit ereignete sich nichts Aufregendes am Altonaer
Elbufer. Die nach Hamburg segelnden Schiffe mit großem

Hafen-Liebe

Tiefgang blieben hier auf der Reede liegen und wurden entladen. Dabei fiel einiges über Bord, und Strandraub wurde zum einträglichen Erwerbszweig der Uferbewohner, bis König Friedrich III. von Dänemark, der als Herzog von Holstein auch hier Landesherr war, 1664 auf den Gedanken kam, das Dorf Altona zur Stadt zu erheben und den ersten Freihafen Europas anzulegen.

Es gelang dem König zwar nicht, mit seinem Altonaer Hafen der großen Schwester Hamburg ernsthafte Konkurrenz zu machen, aber der Hafen veränderte das Gesicht der Stadt. Die Große Elbstraße wurde zur guten Adresse. Das Ufer wurde durch Holzwände begradigt und befestigt. Dieser Kaizaun bildete in Abständen Einbuchtungen, in denen die Schiffe festmachen konnten. Alles, was mit Handel und Schiffahrt zu tun hatte, siedelte sich an der Wasserseite an: stattliche Kaufmannshäuser, eine Bank, die Börse usw. Auf der Landseite entstanden Seilereien, Läden der Proviantierer, kleine Kneipen und auch zwei Seifensiedereien, die ihren Rohstoff, den Waltran, von den Transiedereien bezogen, die in der großen Zeit der Grönlandfahrt in Neumühlen entstanden waren. Und etwas weiter nach Osten entstand der Fischmarkt.

»Fischmarkt«. Das ist eine Hamburger Attraktion wie die bekannten drei »H's«: Hagenbeck, Hafen und, Verzeihung, die Huren von St. Pauli, nur daß der Fischmarkt noch größere Besucherzahlen aufzuweisen hat. An jedem Sonntagmorgen kommen 50 000 oder 100 000 und, wenn das Wetter gut ist, sogar 150- bis 200 000 Menschen zum »Hamburger Fischmarkt«.

Doch Vorsicht, unter diesem Namen kennen ihn zwar die Bayern und Rheinländer, die Holländer und Skandinavier, die oft in ganzen Busladungen angerollt kommen, aber die Altonaer hören das nicht gern, denn der »Fischmarkt« ist ihre Erfindung.

Es begann mit einer »Magistratus' Verordnung wegen der Fische« vom August 1703. Damit die Fischer, die am Wochenende vom Fang heimkehrten, »nicht in eußersten Ruin gerathen«, wurde ihnen erlaubt, des Sonntags Morgen »bis die Glocke halb neun«, d.h. bis der Gottesdienst begann, ihre Ware in der Großen Elbstraße, nahe der Hamburger Grenze, zu verkaufen.

Fischmärkte sind überall folkloristische Anziehungspunkte, ob in Helsinki oder Marseille, aber unserer ist mehr, er ist seit 282 Jahren »die längste Bühne der Welt«, auf der pralles Leben vorgeführt wird.

Er beginnt, wenn am Sonntagmorgen auf St. Pauli die Lichter ausgehen. Dann haben 700 Händler auf 21 000 Quadratmetern Fläche ihre Stände aufgebaut. Natürlich gibt es auf dem Fischmarkt »auch« Fische, direkt vom Kutter, lebend oder küchenfertig zubereitet, aber es gibt außerdem Kleintiere, Ge-

Der Hamburger Fischmarkt

flügel, Südfrüchte, alte Möbel und Bilder, Trödel jeder Art, Blumen und Zierpflanzen. Sparsame Hausfrauen kommen zum preiswerten Einkauf. Und wie preiswert. »Nicht vierzehn, nicht dreizehn, nicht zwölf, nein zehn Mark für das ganze Bündel Bananen«, ruft ein Händler, und sein Nachbar schreit lauter: »Kommen Sie hierher, hier werden Sie genauso betrogen wie nebenan«, übertrumpft werden beide von einem dritten: »So billig kriegen Sie es nirgends, alles gestohlene Ware.« Und manchmal werfen sie die Bananen oder Orangen einfach in die Menge. Und wer die Geduld hat auszuharren, bekommt die Früchte für Pfennige, weil sie sowieso schon überreif sind.

Die Antworten aus dem Publikum bleiben nicht aus, denn viele der Marktbesucher sind ja noch von gestern, schnappen frische Luft nach einer durchzechten Nacht und kehren, vielleicht einen Schellfisch an einer Schnur hinter sich herziehend, in eine der vielen Kneipen ein, in denen es Eiergrog und Klaren, Ziehharmonika und Tanz und Gesang und netzbestrumpfte Mädchen gibt, die ihre lange Arbeitsnacht mit einem starken Kaffee beenden.

Nicht nur die Ortsbestimmung fällt schwer, denn der Altonaer Fischmarkt hat sich ja tatsächlich auf Hamburger Gebiet ausgedehnt, auch der Begriff selbst ist etwas unklar.

Fisch-Auktion

»Fischmarkt« ist ja nicht nur dieses allwöchentliche Volksfest, sondern auch ein sehr ernstes Geschäft mit 4200 Mitarbeitern. Zwar ist die Elbe nicht mehr so fischreich wie zu jener Zeit, da es Bürgern verboten war, ihrem Dienstpersonal mehr als zweimal die Woche Lachs oder Stör aufzutischen, zwar steht Hamburg-Altona als Fischereihafen nach Bremerhaven und Cuxhaven nur an dritter Stelle in der Bundesrepublik, aber als Fischimport-Umschlags- und Handelsplatz ist es noch immer die Nummer eins in Europa.

Bis ins 19. Jahrhundert spielte sich der Fischhandel hauptsächlich an Bord ab. Die Fischhändler fuhren den heimkehrenden Fischern entgegen und übernahmen die zappelnde Fracht aus der Bünn, dem wassergefüllten Mittschiff, um sie an Land zu verkaufen. Bis ins späte Jahrhundert war der Fischhandel in Hamburg bedeutender als in Altona. 1870 begann man in Hamburg die Fische auf Eis zu legen, 1871 wurde in Hamburg-St. Pauli die erste Fischhalle eröffnet, 1886 lief der erste Hamburger Fischdampfer aus, und seine Fracht wurde zum erstenmal in einer Auktion versteigert. Daß Altona den Vorsprung einholen konnte, verdankt es einem Seenotfall.

Der Schiffer Johann Cohrs erlitt an der südafrikanischen Küste Schiffbruch. Statt ruiniert heimzukehren, ging er mit der ganzen Mannschaft auf Diamantensuche und machte ein Vermögen. Er steckte es in eine Fischhalle für Altona und wurde 1887 der erste Auktionator. Schon zwei Jahre später betrug der Umsatz in Altona eine runde Dreiviertelmillion, in Hamburg nur noch eine halbe.

Aber nun ging der Konkurrenzkampf erst richtig los. 1895 baute Hamburg eine größere Auktionshalle, kurz darauf auch Altona. Bald begann man einzusehen, daß das mörderisch für beide war. Die Fischmärkte brauchten Platz, die Hallen Gleisanschlüsse. Die lange Uferfront der Großen Elbstraße bot sich geradezu an. Man begann, die Häuser der Wasserseite abzureißen, verbreitete die Straße und baute 1918/22 den Neuen Fischereihafen mit mehreren Hallen. Im Preußisch-Hamburgischen Hafenabkommen von 1928 wurden die Aufgaben verteilt: Hamburg wurde Handelshafen, Harburg Industriehafen und Altona Fischereihafen. 1934 wurde die »Vereinigte Fischmärkte Altona und Hamburg GmbH« gegründet, aus der heute die »Fischmarkt Hamburg-Altona GmbH« geworden ist.

Auf einer Kailänge von 1600 Metern reihen sich heute Fischlager- und Auktionshallen und Kühlhäuser vom Altonaer Fischmarkt bis Neumühlen. 320 Betriebe der Fischwirtschaft, darunter 43 Großhändler, sind in Hamburg beheimatet. 300 000 Tonnen Seegetier aus allen Weltmeeren werden hier umgeschlagen, 800 Millionen Umsatz gemacht.

Kurz nach Mitternacht verwandelt sich die Nachbarschaft des Fischereihafen Restaurants in einen rastlosen Arbeitsplatz.

Thermolastwagen mit Kennzeichen aus aller Herren Länder rollen an und werden entladen. Fischverarbeiter gehen ans Sortieren, Filieren usw., damit die Einzelhändler die fertige Ware übernehmen können. In der Auktionshalle wird derweilen alles vorbereitet, um den Fang eines oder mehrerer der immer noch rund 50 Kutter starken Finkenwerder Flotte zu versteigern. Kisten werden aufgebaut, der Veterinär nimmt seine Proben, und Schlag sechs beginnt die Auktion. Es geht blitzschnell: ein Zublinzeln, ein Tip mit dem Zeigefinger, notfalls ein mittelsanfter Tritt gegen das Schienbein, bedeuten: gültiges Gebot. In einer halben Stunde ist alles vorbei. Wer »Atmosphäre« sucht, kann sie hier reichlich finden.

Eigentlich lag es nahe, daß an dieser Stelle ein Top-Fischrestaurant aufmachen müßte. Einen kürzeren Weg vom Kutter in die Pfanne konnte der Fisch nirgends finden. Doch erst 1951 kam ein Gastronom auf die Idee, ein Restaurant mitten in den Fischhallen zu plazieren. In kürzester Zeit erwarb es sich einen Ruf, der dem von Rainville nicht nachstand.

Der aus Sachsen stammende Schriftsteller Axel Eggebrecht, für den Fischessen gleich nach Kannibalismus kam, lud damals einen auswärtigen Kollegen ein, um ihm diese Sehenswürdigkeit zu zeigen. Er berichtet: »Es war Abend, draußen knarrten Kräne, Laternen schwankten über dem spiegelnden Wasser. Durchs Fenster beobachteten wir, wie aus verwunderlich kleinen Dampferchen Körbe voll zappelnder Ladung über schräge Holzbahnen hinunterglitten in die Halle nebenan. Der Oberkellner bestätigte lächelnd, was leicht zu erraten war: Die Inhaber suchten sich aus der frisch eingebrachten Beute bestimmt nicht das schlechteste aus ... Und da bekam ich nun Nordsee, Atlantik und Pazifik in einem vorgesetzt. In diesem Augenblick wurde ich zum Verehrer der ozeanischen Kost, die hier in dutzendfacher Varietät bereitet wird ... das Restaurant ist ein hanseatisches Wahrzeichen wie der Michel und die Lombardsbrücke.«

Rainville starb 1840, und danach sprach niemand mehr von den berühmten »Terrassen«. Auch nach 1975 wurde es still um das »Fischereihafen Restaurant«. Als Rüdiger Kowalke im Oktober 1980 unter 122 Bewerbern den Zuschlag für das Restaurant bekam, lächelten Kenner nur mitleidig. »Große Elbstraße 143« war keine »gute Adresse« mehr. Doch das änderte sich schnell.

Warum VIPs in Frankfurt und Bonn, in New York und Tokio sie sich heute wieder wie einen Geheimtip zuflüstern, erfahren Sie aus diesem Buch.

Schlepper im Hamburger Hafen

Mario Scheuermann: Variationen in Fisch

Mario Scheuermann –
Gastronomie-Kritiker mit anerkannt
spitzer Feder

Jedes Essen hat seine Zeit. Und so hat auch jedes Restaurant seine Tageszeit. Ich meine damit jene Momente, wenn Licht und Laune sich zu dem verdichten, was man Atmosphäre nennt. Im Hamburger Fischereihafen-Restaurant fällt es schwer, diesen Zeitpunkt zu bestimmen. Zu unterschiedlich gestalten sich hier die Stunden zwischen Mittag und Mitternacht. Zwischen dem Montags-Lunch und dem Sonnabend-Diner liegen Stimmungswelten.

Es gibt eine Faustregel, die lautet: Man reserviere einen Fensterplatz in der guten Stube, das ist der intime mittlere Teil des Restaurants, und zwar freitags am frühen Abend. Auf der Elbe herrscht dann meist reger Schiffsverkehr. Vor allem die großen Pötte versuchen so früh wie möglich aus dem Hafen herauszukommen, um Liegegebühren zu sparen.

Aber nun ist das Fischereihafen-Restaurant ja beileibe kein Ausflugslokal, in dem nur die schöne Aussicht den Besuch lohnt, sondern es zählt zu den besten Speisestätten der Stadt. Kein von einem geschickten Designer chic gestylter Maritim-Palast, sondern ein Lokal für jedermann mit gewachsenem Ambiente, in dem man für 18,50 Mark mit einer gebratenen Scholle genauso satt werden kann wie beim Feinschmecker-menü für 145 Mark. Es ist Businesstreff und Familienrestaurant in einem, Gourmettempel und Schauplattform für prominente Gäste aus Politik, Sport und Kultur. Der Bundeskanzler tafelt hier neben Tante Emma, die ihren Fünfzigsten feiert, Wirtschaftskapitäne neben den Schönen der Nacht.

Mittags beherrscht hier das Big Business der Hansestadt die Szene – Banker und Brooker in Flanell oder dezentem Nadel-streif, Reeder und Schiffsausrüster mit Blazer und Prinz-Hein-rich-Mütze.

Im Umkreis von nur sechs Kilometern haben 6000 hafen- und schiffahrtsbezogene Firmen ihre Büros, Schuppen und Lagerhäuser. Das Fischereihafen-Restaurant mit seinem englischen Mahagoni-Look, den nostalgischen Seestücken an den Wänden und den prachtvollen Schiffsmodellen in den Vitrinen bietet den perfekten Rahmen für ein standesgemäßes Geschäftsessen. Schnell muß es gehen. Das versteht sich bei einem Hanseaten-Lunch von selbst. Aber gut soll es auch sein. Dann wird viel über Zahlen gesprochen, rauchen die Köpfe und die Zigarren. Und – Time is money – zur Roten Grütze müssen Mokka und Cognac gleich mitserviert werden.

Unter der Woche abends sieht man hier ganz andere Gesichter, hört man andere Laute und Sprachen. Mindestens ein Drittel der Tische ist dann mit auswärtigen Gästen besetzt, so international wie die Stadt selbst: Japans europäische Manager, kolumbianische Kaffeebarone, chinesische Sportler, italienische Opernstars, amerikanische Reisejournalisten, dazwischen hanseatische Feinschmecker mit Freunden, eine Runde Diplomaten (ist Hamburg doch der Welt größter Konsulatsplatz nach New York) oder Pärchen beim zärtlichen Menü zu zweit. Für die Portiers der Nobelhotels rund um die Alster gibt es in Sachen Fisch und Lokalkolorit in der Hansestadt keine Alternative.

Am Wochenende, speziell am Sonntag, wechselt das Bild. Dann kommen wieder die Hamburger, diesmal mit Familie und vorzugsweise zum Mittagessen. Am Abend, wenn sich der Fischereihafen in den spektakulärsten Teil des »Kiez« verwandelt, weniger. Vor der Tür nehmen dann an den Bordsteinkanten der Großen Elbstraße im Schatten der Lagerhallen die Damen des ältesten Gewerbes ihre Standplätze ein – nebenbei gesagt, das älteste Gewerbe sieht hier gar nicht alt aus; denn auf dieser »sündigen Meile« zwischen »Schellfischposten« und Elbberg stehen die jüngsten und aufreizendsten Mädchen der Branche mit den kürzesten Röcken, den steilsten Pumps und den längsten Beinen.

Dieses Restaurant ist halt nicht eine x-beliebige Gaststätte. Es ist rundherum einmalig und originär. Eine Institution, wie sie wohl nur in Hamburg denkbar ist.

Im Fischereihafen-Restaurant gibt es, wie der Name sagt und wie es der Lage des Hauses zwischen den Lagerhallen der großen Fischhändler und -importeure entspricht, Fisch. Nicht einfach so, sondern in allen Variationen von japanisch roh bis skandinavisch gebeizt, nach Art der mecklenburgischen Kökschen gebraten oder zart pochiert im Stil der Neuen Küche. Und das entspricht ja auch durchaus den Intentionen des wahren Feinschmeckers, den es an einem Tag nach dem gebratenen grünen Ostseehering mit Bier und Köm gelüstet und der am nächsten Tag nach Austern und getrüffeltem Lachs in Champagner à la Rothschild verlangt. Ein Snob, wer dem einen so total den Vorzug gibt, daß er das andere verachtet.

Das Problem für den Restaurateur besteht ja nur in der Frage, wie bekomme ich das alles stets in gleicher Qualität auf den Tisch meines Hauses. Was nun das Fischereihafen-Restaurant so unerhört auszeichnet, ist die Tatsache, daß es Masse mit Klasse vereint. Geht das überhaupt, fragt man sich unwillkürlich, wenn man über die Couvert-Zahlen nachdenkt. So um die 120 Gedecke am Mittag und bis zu 200 am Abend. Und das an sieben Tagen in der Woche. Da leistet der Patron Rüdiger Kowalke in Sachen Organisation und Improvisation wahre Wunderdinge.

Nicht einfach, wenn man bedenkt, welches Erbe er da angetreten hat, als er Anfang 1981 das Restaurant übernahm. Das Haus ist gerade 35 Jahre alt, aber was für ein Name, was für eine Tradition und was für ein Ruf. Ein anderer als er hätte es sich womöglich einfach gemacht und sich auf den Lorbeeren seiner Vorgänger ausgeruht. Aber für Kowalke stand von vornherein fest, daß er ein völlig neues Kapitel in der Geschichte des Fischereihafen Restaurants schreiben würde. Bewährtes behielt er bei, wie zum Beispiel Gertrud Hindenberg, die seit 1951 zur Mannschaft gehört, alle Hochs und Tiefs des Hauses mitgemacht und so ganz nebenbei über eine Million Schollen gebraten hat.

Dieser Pannfisch-Artistin steht Jochen Ullrich zur Seite, ein ehemaliger Kochsmaat, der fünf Jahre lang für Hapag-Lloyd die Ostasien-Route fuhr, ehe ihn, mittlerweile abgemustert, Rüdiger Kowalke in einer Vorstadtkneipe »entdeckte«. Sein Ressort: Labskaus (mit Abstand das beste der Stadt) und Aalsuppe.

Doch mit der Pflege von Tradition allein, das war Kowalke klar, wäre es nicht möglich gewesen, wieder an den Weltruf anzuknüpfen, den das Haus in den fünfziger Jahren einmal genossen hatte. Der hamburgischen Hausmannskost und den noch vorhandenen Elementen der Grande Cuisine mußte als dritte Säule eine norddeutsche Variante der neuen französischen Küche beigefügt werden. Und genau dieser Dreiklang ist es, der diesem Haus heute seinen unverwechselbaren kulinarischen Charakter verleiht.

Ich bin stets aufs Neue verblüfft von den Ideen, von der Vielfalt, von der Unbekümmertheit, mit der Kowalke und sein Küchenchef Wolf-Dieter Klunker es verstehen, das Thema Fisch zu variieren: Von der Hummersülze über das Carpaccio, vom Stör zur Altenwerder Fischersuppe (für mich die Bouillabaisse des Nordens) und Stubenküken gefüllt mit Forellenmus. Der klassische Hummer Thermidor steht einträchtig neben dem modernen Steinbutt auf Rote Beete und dem regional-rustikalen Schellfisch in Meerrettichsahne. Wenn die Köche des Fischereihafen Restaurants zu ihrer Bestform auflaufen, haben zumindest im Dunstkreis des Herdes Raum und Zeit ihre Gültigkeit verloren. Da werden schwäbische Maultaschen mit französischen Coquilles St. Jacques gefüllt, italienische Ravioli mit norwegischem Hummer, und was hätte wohl der selige Escoffier zu einer hamburgisch-französischen Belle Alliance gesagt, wie Aalgalantine mit Entenstopfleber und Backpflaumen?

Kowalke und Klunker sind ein geradezu ideales Gespann, das mit Macher und Denker nur ungenügend beschrieben ist.

Komplettiert wird die Führungscrew an der Spitze der fast 60 Mitarbeiter durch den Geschäftsführer Peter Lühr, dessen Aufgabe unter anderem darin besteht, dafür zu sorgen, daß auch dann alles klappt, wenn der Chef bei seiner montäglichen Skatrunde im »Landhaus Scherrer« sitzt oder auf eine seiner kulinarischen Entdeckungsreisen geht.

Werner Veigel: Fisch für Feinschmecker

Werner Veigel – Tagesschau-Sprecher, Journalist und Feinschmecker

Ich liebe Fisch. Schon der Anblick frisch gefangener Fische, die, noch feucht, auf gestoßenem Eis und appetitlich mit Seetang garniert, dem Käufer angeboten werden, fasziniert mich, wie erst kürzlich wieder auf dem malerischen Fischmarkt von Venedig.

Hier liegt er vor uns, der verschwenderische Reichtum unserer Meere, Seen und Flüsse, die natürlichste, ursprünglichste Nahrung, die wir Menschen zu uns nehmen können.

Es überrascht mich immer wieder, daß es bei der erstaunlichen Vielfalt an Fischen und Krustentieren – allein im europäischen Raum werden über hundert Sorten gefangen –, so wenig wirklich erstklassige Fischrestaurants gibt. Sowohl in Europa als auch in den USA.

Auch Hamburg hatte, bevor Rüdiger Kowalke vor 5 Jahren das Fischereihafen-Restaurant übernahm, kein Fischrestaurant, das es mit den großen Namen dieser Welt aufnehmen konnte. Heute wird das Fischereihafen-Restaurant in Hamburg von Gourmets in einem Atemzug genannt mit »Le Duc« in Paris und Genf, mit »Wheeler's« in London, mit »Sweet's« und »Oyster Bar« in New York, »Anthony's Pier 4« in Boston und – erst kürzlich hinzugekommen – »Corte Sconta« in Venedig.

Venedig: Für Feinschmecker, die früher in die Lagunenstadt kamen, war ein Besuch in »Harry's Bar« ein »must«. Auch heute noch ist das Risotto di frutti di mare des Dottore Arrigo Cipriani von exzellenter Qualität, *das* Fischrestaurant Venedigs aber ist ein kleines verstecktes Lokal in der Calle del Pestrin 3886 (Telefon: 2 70 24), fernab vom Touristentrubel und – bestes Zeichen für Qualität und Preise – hauptsächlich von Italienern besucht.

Eine Speisekarte gibt es hier nicht. Gianni Tegon, der padrone, sagt in Anlehnung an Ludwig XIV.: »La carta sono io« und empfiehlt dem Gast, was er am Vormittag auf dem Fischmarkt von Venedig erstanden hat. Als Vorspeise gibt es eine große Platte mit Meeresfrüchten, die die verschwenderische Fülle des Angebots an der Pescheria offenbart. Da gibt es Muscheln und Krebse aller Art, von den Cape sante (Jacobsmuscheln) über Cozze, Vongole und Caparozzoli bis hin zu den rasiermesserähnlichen Cape lunghe, die im Sand der Lagune stecken, von der bizarren Meerspinne (Granseola) über Scampi und Gamberetti bis zu den zarthäutigen Krabben, die man »Moleche« nennt. Als Zwischengericht serviert Signor Tegon Tintenfisch und Tintenfischeier (Latti) – eine bei uns kaum bekannte Köstlichkeit – auf schwarzen Spaghetti oder Sardinen in einer süß-sauren Marinade, die »Saor« heißt.

Dann erst kommt das Hauptgericht. Und das kann – je nachdem, was das Meer an diesem Tag hergegeben hat – eine Coda di Rospo (Seeteufel) sein, ein festfleischiger Steinbutt (Rombo) oder ein schmackhafter San Pietro (Petersfisch). All das wird in der Küche mit raffinierter Schlichtheit zubereitet. »Corte Sconta« ist kein »feines« Lokal, das Ambiente ist rustikal, der Gast sitzt an blankgescheuerten Tischen, die mit Natronpapier bedeckt sind. Aber als Fischliebhaber habe ich hier alle Wonnen der venezianischen Küche erlebt.

Paris: In Paris sind es die Gebrüder Minchelli, die den Liebhabern von Meeresfrüchten »den Ozean auf den Teller« legen, wie man in Frankreich sagt.

Ihr Restaurant, »Le Duc«, 243, Boulevard de Raspail (Telefon: 3 20 96 30), gehört zu den besten Feinschmeckeradressen der Stadt, und ihr Loup de mer (Seewolf) mit Coquilles St. Jacques zu den köstlichsten Fischkreationen der Welt.

Unübertroffen ist auch das gigantische Plateau de fruits de mer, das neben vorzüglichen Belon-Austern Langustinos, Seeigel, Muscheln und Meeresschnecken enthält und eigentlich nur einen Nachteil hat: es ist viel zu reichlich für eine Person.

Berühmt ist »Le Duc« ebenso für seine exzellenten Kreationen aus rohem Fisch wie für die raffiniert einfache Zubereitung edelster Meerestiere, Hummer, Langusten oder Seezungen. Jean Minchelli versteht es, den Eigengeschmack der Fische und Krustentiere nicht durch zuviel Gewürze und Beilagen zu überdecken.

Erst in jüngster Zeit haben die Gebrüder Minchelli in Paris ernsthafte Konkurrenz bekommen. Jean Le Divellec hat sein Fischrestaurant in La Rochelle an der Atlantikküste geschlossen – nicht zuletzt wegen der Verschmutzung des Meeres dort – und sich in Paris niedergelassen: »Le Divellec«, 107, rue de l'Université (Telefon: 5 51 91 96). Da sich die »beautiful people« und »le tout Paris« das Lokal »ausgeguckt« haben, ist die Atmosphäre reichlich snobistisch und nicht so gelöst wie in »Le Duc«. Aber die raffinierten Schöpfungen von Monsieur Le Divellec, wie etwa seine Fischsuppe mit Rochen, Merlan, Rougets und Coquilles St. Jacques, sowie seine überraschenden Desserts sind schon eine Bereicherung der Pariser kulinarischen Szene.

London: Daß die Engländer nichts vom Kochen verstehen, ist ein Vorurteil, das – wie die Briten sagen – auf dem Kontinent entstanden ist. Meine Erfahrung mit der englischen Küche ist eine sehr gute, nicht zuletzt, weil ich mich bei meinen Reisen auf der Insel von dem vorzüglichen »Good Food Guide to Britain« leiten lasse.

Die Adresse von »Wheeler's Restaurant« in London verdanke ich jedoch einem Kollegen, der heute aus Singapur als Korrespondent für das Erste Deutsche Fernsehen aus den Ländern des Fernen Ostens berichtet. Winfried Scharlau hatte damals gerade seine Studien in London abgeschlossen und war als junger Redakteur zum Fernsehen nach Hamburg gekommen. Er empfahl mir Anfang der sechziger Jahre »Wheeler's« in der Old Compton Street 19 (Telefon: 4 37 27 06) in Soho als bestes Londoner Fischrestaurant und ... das ist es noch heute.

Bei der Gründung durch Bernard Walsh im Jahre 1929 war »Wheeler's« eine Oyster Bar, in der eilige Geschäftsleute Colchester und Royal Whitstable-Austern schlürften und dazu ofenwarmes französisches Brot aßen mit gesalzener Butter. Daneben gab es »Cold lobster and crab«, Räucherlachs und Jacobsmuscheln. Erst später kamen die Seezungen hinzu. Wenn ich heute »Wheeler's« besuche, dann vor allem wegen der enormen Vielfalt an Zubereitungsarten dieses köstlichen Fisches. Dover sole – die Franzosen reklamieren sie für sich und nennen sie »Sole de Calais« – gehört zum Besten, was aus der Nordsee und dem Kanal gefischt wird und ist der Traum eines jeden Gourmets. Diesen Traum nun bietet »Wheeler's« in mehr als 20 Variationen an, von der klassischen Sole Meunière über Sole Capri (mit Mango Chutney und Bananen) bis zur Sole Sovereign (mit Tomaten, Champignons, Spargel und Trüffeln).

Heute noch, nach mehr als 55 Jahren, ist »Wheeler's« in London eine Institution. Auch wenn inzwischen noch drei »Wheeler's«-Etablissements hinzugekommen sind, für mich bleibt das unscheinbare Lokal in der Old Compton Street »the one and only«.

New York: Anfang der achtziger Jahre machte ich eine Gourmet-Reise durch die USA. Schon damals zeichnete sich bei den erfolgreichen Amerikanern der Mittelschicht, den »Yupies« (Young urban professionals), ein Trend ab, der sich heute zu einem neuen Lebensstil verstärkt hat: gut und gepflegt und vor allem (man denke, in den USA!) in aller Ruhe zu essen oder besser: zu speisen. Das heute hochgelobte »The Quilted Giraffe«, das Aushängeschild dieses neuen »amerikanischen Traums«, war damals erst wenigen Insidern bekannt.

Nicht so die »Oyster Bar« in der Grand Central Station (Telefon: 4 90 66 50), deren helle Sandsteinarchitektur sich futuristisch in der Glasfassade des Grand Hyatt Hotels spiegelt. Sie ist bereits seit ihrer Gründung vor 70 Jahren, als die Gewölbe unter dem Bahnhof für das Lokal aus dem Fels gesprengt wurden, *das* Fischrestaurant New Yorks. Die Speisekarte der »Oyster Bar« – der Name ist irreführend, die eigentliche Bar nimmt nur eine kleine Ecke des riesigen Lokals ein – ist groß und verwirrend zugleich. Unter »Today's catch«, also »Heute gefangen«, entdeckte ich 16 verschiedene Fischsorten, darunter Flundern aus Providence, Heilbutt aus Chatham, Fadenmakrelen aus Florida, sowie Red Snapper, Blue Fish und Striped Bass. Daneben Lobster (»shipped directly from Maine«) und »Specials« wie Brook Troute (Bachforelle) und Columbia River King Salmon (Flußlachs), Shrimps und Crabs, Clams und Scallops und natürlich Austern von der amerikanischen Ostküste. Zwei Tonnen Meeresfrüchte ersteht der Fischeinkäufer der »Oyster Bar« täglich auf dem New Yorker Fischmarkt.

Die Atmosphäre im Hallengewölbe unter der denkmalgeschützten Grand Central Station ist – vor allem mittags – laut und hektisch. Deshalb empfiehlt es sich, nach 14 Uhr zu kommen, wenn sich der größte Ansturm gelegt hat. Die gewaltige Fischauswahl, vor allem aber ihre perfekte Zubereitung, wird jeden Europäer verblüffen. Eine andere Möglichkeit, sich auf feine Art zu ernähren, ist der kleine Tresen zur Bahnhofshalle, an dem eilige Reisende zwischen zwei Zügen im Stehen schnell einige Blue Point-Austern schlürfen und dazu ein Glas kalifornischen Weißwein trinken.

Wie die Auswahl an Meeresfrüchten, so ist auch die Weinkarte der »Oyster Bar« immens. Bei meinem letzten Besuch zählte ich 96 Weißweine ausschließlich amerikanischer Provenienz, von denen ich besonders den Gewürztraminer von Joseph Phelps liebe und den Chardonnay aus dem Napa Valley in Kalifornien.

Daß auch im Staat New York Weine angebaut werden, erfuhr ich bei meinem Besuch in »Sweet's Restaurant«, direkt am Fulton Fish Market gelegen (2, Fulton Street, Tel.: 3 44 19 89). In diesem altehrwürdigen Fischrestaurant empfahl der Ober uns einen preiswerten Chablis aus New York, der (man staune) einen Vergleich mit seinem französischen Namensvetter durchaus aushielt.

Auch bei »Sweet's« verblüfft die Reichhaltigkeit des Angebots an Meeresfrüchten und die unpretenziöse, aber perfekte Zubereitung. Hier habe ich den besten Schwertfisch meines Lebens gegessen.

Im Zuge der Sanierung des Viertels um den Fulton Fish Market soll »Sweet's« im letzten Jahr renoviert worden sein. Ich hoffe nur, daß dabei die schlichte und rustikale Atmosphäre des Restaurants, in der ich mich so wohl fühlte, nicht verlorengegangen ist.

Boston: Das amerikanischste Fischrestaurant, das ich kenne, ist »Anthony's Pier 4« in Boston, 140, Northern Avenue (Telefon: 4 23 63 63). Wie der Bug eines Schiffes ragt es vom Ende eines Piers in den Bostoner Hafen hinein.

Auf einer Art Kommandobrücke, die als Bar eingerichtet ist, warteten wir mit einem Glas Bloody Mary in der Hand, bis uns über Lautsprecher mitgeteilt wurde, daß unser Tisch frei sei. Inzwischen hatten wir Gelegenheit, das große Lokal zu überblicken und die Fotos an der Wand zu bewundern, die alle den Besitzer, den aus Griechenland stammenden Anthony Athanas, händeschüttelnd mit der Prominenz Amerikas zeigen.

Serviert wird in den mit viel Messing und Holz ausgestatteten Räumen von Frauen und Männern jeden Alters in der traditionellen Neu-England-Tracht.

Ein typisches Menü bei »Anthony's« beginnt mit der berühmten Muschelsuppe, dem »New England Clam Chowder«. Es folgt ein frischer Hummer aus Maine und ein Striped Bass (Streifenbarsch), der vor Cape Cod gefangen wurde.

Eine weitere Spezialität ist das charakteristische »New England Clambake«, eine große Platte mit einer Languste, Krabben, Muscheln, Baked Potatoes und Salat. Clambake bedeutet, daß die Meeresfrüchte auf Steinen gegart werden, die durch ein offenes Feuer erhitzt wurden.

Mich erinnert »Anthony's Pier 4«, das wohl ungewöhnlichste Restaurant Neu-Englands, in vielem an das Fischereihafen-Restaurant von Rüdiger Kowalke am Fischmarkt in Hamburg, Große Elbstraße 143 (Telefon: 38 18 16).

Auch hier kann der Gast – wie in Boston – durch die großen Panoramascheiben die ein- und auslaufenden Dampfer, die Fährschiffe, die Schlepper, die Barkassen und, im Sommer, die Jachten »hautnah« vorbeifahren sehen.

Auch hier besticht die Speisekarte durch eine verschwenderische Auswahl frischer Produkte, der Service durch Perfektion und die Küche durch eine phantasievolle Zubereitung der Meeresfrüchte.

Es ist deshalb nur folgerichtig, zum Schluß Goethe zu zitieren: »Wozu in die Ferne schweifen, sieh, das Gute liegt so nah.«

Mitarbeiter an diesem Buch

Horst Lietzberg ist freier Autor und schreibt für Zeitungen, Illustrierte und fürs Fernsehen. Die beruflichen Stationen: Berlin, New York und Hamburg. Aus seiner journalistischen Feder stammen große Reportagen, Serien, Auslandsberichte und Interviews.

Horst Lietzberg

Wolf Dieter Klunker gehört zu den kreativsten Köchen in Deutschland und steht Rüdiger Kowalke als Chefkoch im Fischereihafen-Restaurant zur Seite. Die 30köpfige Küchen-Brigade leitet er mit leichter Hand. Im Sternzeichen »Fische« geboren, decken sich bei ihm Hobby und Beruf.

Wolf Dieter Klunker